Preparazione dei bambii   ogei
                                      anzia
                                      naria

Boinett Florence Jepkogei

Preparazione dei bambini alla transizione dalla scuola dell'infanzia alla scuola primaria

ScienciaScripts

Imprint

Any brand names and product names mentioned in this book are subject to trademark, brand or patent protection and are trademarks or registered trademarks of their respective holders. The use of brand names, product names, common names, trade names, product descriptions etc. even without a particular marking in this work is in no way to be construed to mean that such names may be regarded as unrestricted in respect of trademark and brand protection legislation and could thus be used by anyone.

Cover image: www.ingimage.com

This book is a translation from the original published under ISBN 978-3-659-67809-7.

Publisher:
Sciencia Scripts
is a trademark of
Dodo Books Indian Ocean Ltd. and OmniScriptum S.R.L publishing group

120 High Road, East Finchley, London, N2 9ED, United Kingdom
Str. Armeneasca 28/1, office 1, Chisinau MD-2012, Republic of Moldova, Europe

ISBN: 978-620-3-15906-6

Copyright © Boinett Florence Jepkogei
Copyright © 2024 Dodo Books Indian Ocean Ltd. and OmniScriptum S.R.L publishing group

PREPARAZIONE DEI BAMBINI AL PASSAGGIO DALL' ECDE ALLA SCUOLA PRIMARIA NEL DISTRETTO DI KEIYO, KENYA

BOINETT F. JEPKOGEI

Indice dei contenuti

Indice dei contenuti 2
CAPITOLO PRIMO 3
CAPITOLO SECONDO 10
CAPITOLO TRE 34
CAPITOLO QUARTO 40
CAPITOLO QUINTO 58
RIFERIMENTI 66

CAPITOLO UNO
INTRODUZIONE AL PROBLEMA

1.1 Vista dall'alto

Questo capitolo presenta il contesto dello studio, la dichiarazione del problema, lo scopo dello studio, gli obiettivi dello studio, le domande di ricerca, il significato dello studio, l'ambito e i limiti dello studio e la definizione dei termini. Questi sono gli aspetti chiave affrontati in questo capitolo.

1.2 Il contesto dello studio

Pianta e Cox (1999) osservano che, sebbene i primi anni di scuola sembrino svolgere un ruolo importante nella vita dei bambini, la conoscenza di questo periodo scolastico è limitata, soprattutto per quanto riguarda l'ecologia di questa transizione e i fattori legati ai risultati della transizione. È necessario porre maggiore enfasi sull'ambiente in cui avviene questa transizione e sugli effetti di questa transizione.

Ramey e Ramsey (1999) affermano che la questione della transizione sta emergendo come un nuovo importante costrutto nell'ECDE, che sostituisce il vecchio costrutto di preparazione scolastica. Gli autori citano prove che suggeriscono che il concetto di preparazione è errato in quanto si concentra sulla competenza del bambino rispetto al ruolo della famiglia, della scuola e della comunità. Gli autori concludono che questa visione tradizionale della preparazione deve essere sostituita da un quadro di transizione verso la scuola che consideri i primi anni di vita scolastica del bambino come un periodo di adattamento per i bambini, le loro famiglie e le scuole.

Il Kenya si è prefissato di raggiungere l'obiettivo nazionale dell'Educazione Primaria Universale (UPE) e dell'Educazione per Tutti (EFA) entro il 2015, come stabilito dagli Obiettivi di Sviluppo del Millennio (ONU, 2000). Questo obiettivo e la sua realizzazione si basano sul presupposto di una transizione graduale dall'educazione della prima infanzia (ECD) all'istruzione primaria. L'obiettivo del programma ECD è costruire una solida base per lo sviluppo cognitivo, socio-emotivo e della salute che permetta al bambino di massimizzare il suo potenziale di apprendimento all'ingresso nella scuola primaria.

La mancanza di politiche che affrontino i collegamenti tra i programmi di ECD e il sistema di istruzione primaria ha portato a pochi sforzi per affrontare il livello di preparazione scolastica dei bambini che entrano nel sistema di istruzione formale. In Kenya, l'età ufficiale di ingresso è di sei anni, ma non è un prerequisito per un bambino frequentare l'ECD prima della scuola primaria. Inoltre, la politica di istruzione primaria gratuita prevede che ogni bambino frequenti la scuola primaria indipendentemente dall'esperienza di ECD. Di conseguenza, in una classe di prima elementare, ci saranno bambini provenienti da modelli scolastici diversi e quelli direttamente da casa. In questo scenario, l'insegnante di scuola primaria non solo deve affrontare un gran numero di bambini, ma anche la sfida di gestire diversi livelli di preparazione scolastica (Ngaruiya, 2006). Ciò ha costituito la base per il presente studio, volto a stabilire il grado di preparazione dei bambini per il passaggio dall'ECD alla scuola primaria.

Attualmente, l'efficienza dell'istruzione primaria è ostacolata da diversi fattori, tra cui la disparità di genere, l'elevato rapporto alunni-insegnanti e l'alto tasso di ripetenze, con una media del 16% nel 2003 (Ngaruiya, 2006). Di conseguenza, l'introduzione dell'istruzione primaria gratuita sembra vanificare i guadagni ottenuti nell'ECD, dato che in alcuni distretti molti genitori hanno ritirato i propri figli dall'ECD alla primaria. Queste sono le condizioni prevalenti che hanno fatto da sfondo allo studio della transizione dal sistema educativo prescolare a quello scolastico in Kenya.

1.3 Dichiarazione del problema

I bambini hanno diversi ambienti di apprendimento, tra cui la casa, i centri ECD e il quartiere. Ognuno di questi ambienti presenta facilitatori e inibitori dell'apprendimento, che promuovono o ostacolano il processo di apprendimento durante il passaggio da un livello all'altro. La transizione da un ambiente di apprendimento a un altro è destinata a creare una fonte di vulnerabilità, incertezza e a esporre i bambini a nuove richieste e a una sensazione di stress che può andare oltre le loro capacità di sviluppo (Nyamwaya & Mwaura, 1991).

Una transizione fluida dall'ECD alla scuola primaria può essere migliorata solo attraverso una situazione di preparazione reciproca, in cui i bambini come discenti sono pronti per la scuola e la scuola è altrettanto pronta per i bambini. Purtroppo, la mancanza di indicatori di processo e di impatto per la preparazione reciproca del bambino e della scuola e l'enorme disparità tra gli ambienti di apprendimento dell'ECD e della scuola primaria ostacolano una transizione agevole dall'ECD alla scuola primaria. Il risultato è un alto tasso di abbandono, ripetizioni e assenteismo nelle classi inferiori della scuola primaria. In generale, non esistono pubblicazioni e politiche riguardanti il passaggio dalla cura e dall'educazione della prima infanzia al sistema educativo formale, soprattutto nelle aree rurali. Ciò crea una lacuna di conoscenza che questo studio ha cercato di colmare. È in questo contesto che è stato concepito il presente studio, al fine di stabilire la preparazione dei bambini al passaggio dall'ECDE alla scuola primaria e di identificare i principali fattori ambientali esterni che inibiscono e facilitano il passaggio dall'ECD alla scuola primaria.

1.4 Lo scopo dello studio

Il ricercatore ha cercato di indagare la preparazione dei bambini per la transizione dall'ECD alla scuola primaria.

1.5 Obiettivi dello studio
1.5.1 Obiettivo principale dello studio
L'obiettivo principale di questo studio è stato quello di indagare la preparazione dei bambini al passaggio dall'ECD alla scuola primaria.

1.5.2 Obiettivi specifici dello studio
Lo studio si proponeva di raggiungere i seguenti obiettivi

(i) Stabilire i servizi ECD forniti ai bambini per facilitare il passaggio dall'ECD alla scuola primaria.

(ii) Esaminare gli effetti della scuola primaria e del curriculum ECDE su preparazione dei bambini al passaggio dalla scuola dell'infanzia alla scuola primaria.

(iii) Esaminare se le pratiche attuali affrontano la preparazione di bambini per il passaggio dalla scuola dell'infanzia alla scuola primaria.

(iv) Esaminare i fattori ambientali esterni che influenzano il passaggio dalla scuola dell'infanzia alla scuola primaria.

1.6 Domande di ricerca
Questo studio ha cercato di rispondere alle seguenti domande di ricerca

1.6.1 Domanda di ricerca principale
Qual è il livello di preparazione dei bambini al passaggio dall'educazione allo sviluppo della prima infanzia alla scuola primaria?

1.6.2 Domande di ricerca secondarie
Lo studio si è basato sui seguenti quesiti di ricerca

i. Quali sono i servizi ECD forniti ai bambini per facilitare il passaggio dall'ECD alla scuola primaria?

ii. Quali sono gli effetti del curriculum sulla preparazione dei bambini al passaggio dalla scuola dell'infanzia alla scuola primaria?

iii. Le pratiche attuali affrontano la preparazione dei bambini al passaggio dall'ECDE alla scuola primaria?

iv. Quali fattori ambientali esterni influenzano il passaggio dalla scuola dell'infanzia alla scuola primaria?

1.6 Giustificazione dello studio
L'obiettivo principale dei programmi ECDE è costruire una solida base per lo sviluppo cognitivo, socio-emotivo e della salute, che permetta al bambino di massimizzare il suo potenziale di apprendimento all'ingresso nella scuola primaria. La capacità di apprendimento di questi bambini diminuisce a causa della mancanza di cure adeguate e di stimoli psicosociali all'età giusta. La preparazione scolastica è percepita come l'acquisizione da parte del bambino delle conoscenze,

delle competenze, delle attitudini e delle abilità appropriate che lo aiuteranno a far fronte al programma della scuola primaria e ad altre richieste di apprendimento. I bambini che sono pronti ad apprendere, nel momento in cui iniziano la scuola primaria, hanno maggiori probabilità di completare i livelli di istruzione primaria, secondaria e terziaria e di dare un contributo positivo alla società come cittadini attenti e produttivi. I bambini che non sono pronti ad apprendere al momento dell'ingresso a scuola hanno maggiori probabilità di: ripetere una classe, avere bisogno di servizi educativi speciali e probabilmente abbandonare la scuola. Ciò rappresenta un aumento dei costi per il governo e per la società in generale attraverso: aumento della spesa pubblica, diminuzione delle entrate, diminuzione della produttività e diminuzione della capacità di fornire le funzioni sociali necessarie (Nyamwaya & Mwaura, 1991).

La capacità dei bambini di apprendere e di acquisire le giuste competenze e attitudini dipende in larga misura dalle loro capacità cognitive e dagli adattamenti psicosociali che si determinano durante i primi anni di vita. In sostanza, quindi, l'efficacia e l'efficienza degli investimenti nell'istruzione primaria e successiva dipendono dalla capacità dei bambini di iniziare la scuola pronti a imparare.

In Kenya, la mancanza di politiche adeguate per affrontare il passaggio dall'ECDE all'istruzione primaria ha portato a pochi sforzi per affrontare il livello di preparazione scolastica dei bambini che entrano nel sistema della scuola primaria. L'età ufficiale di ingresso a scuola è di sei anni; tuttavia, non è un prerequisito per un bambino frequentare la scuola dell'infanzia prima della scuola primaria. Inoltre, la politica dell'istruzione primaria gratuita (FPE) prevede che ogni bambino frequenti la scuola primaria indipendentemente dall'esperienza di ECDE. Pertanto, in una classe di scuola primaria ci saranno bambini provenienti da diversi modelli di scuola dell'infanzia e bambini provenienti direttamente da casa. In una situazione del genere, l'insegnante di scuola primaria non solo deve affrontare un gran numero di bambini, ma anche la sfida di gestire bambini con diversi livelli di preparazione scolastica.

Come in altri distretti, anche quello di Keiyo vive lo scenario sopra descritto e non è stato fatto alcuno studio per affrontare la preparazione dei bambini al passaggio dalla scuola dell'infanzia alla scuola primaria. Pertanto, lo studio della situazione dei servizi, dei programmi di studio, delle pratiche attuali e dei fattori ambientali esterni in relazione alla preparazione dei bambini per il passaggio dall'ECDE alla scuola primaria ha giustificato questo studio.

1.7 Significato dello studio
I risultati di questo studio saranno significativi sotto molti punti di vista e andranno a beneficio di una sezione trasversale di operatori del settore dell'istruzione. Il Ministero dell'Istruzione utilizzerà i risultati della ricerca per formulare linee guida politiche che riguardano l'attuale

preparazione dei bambini al passaggio dalla scuola dell'infanzia alla scuola primaria. Ricercatori e studiosi trarranno beneficio dallo studio, in quanto utilizzeranno i risultati della ricerca come fonte di informazioni per ulteriori studi.

I risultati consentiranno al Ministero dell'Istruzione e ai dirigenti scolastici di mettere in atto misure adeguate per garantire una transizione senza intoppi. Il desiderio del ricercatore è che questa ricerca stimoli il dibattito sul programma ECDE e sull'educazione per tutti (EFA) e, attraverso di esso, galvanizzi il sostegno pubblico e governativo ai programmi. La ricerca fornirà prospettive interessanti che contribuiranno a creare nuove conoscenze sulle esigenze e sulle sfide legate alla fornitura e alla realizzazione di programmi educativi per lo sviluppo della prima infanzia in Kenya. Aiuterà a identificare i principali problemi che l'educazione ECD deve affrontare e cercherà di trovare soluzioni a questi problemi. Questo aiuterà a stabilire migliori programmi di educazione allo sviluppo della prima infanzia e a rafforzare le unità esistenti per far sì che forniscano servizi di qualità agli alunni.

1.8 Ambito e limiti dello studio
1.8.1 Ambito dello studio

Questo studio si è concentrato sulla preparazione dei bambini al passaggio dall'ECD alla scuola primaria nel distretto di Keiyo. Ha stabilito i servizi ECD forniti ai bambini per facilitare la transizione, ha esaminato le pratiche attuali e gli effetti del curriculum sulla preparazione dei bambini alla transizione dall'ECD alla scuola primaria. Lo studio ha anche esaminato i fattori ambientali esterni che inibiscono e facilitano il passaggio dall'ECD alla scuola primaria. Tra gli intervistati vi erano insegnanti di scuola primaria, insegnanti di scuola dell'infanzia, formatori ECD e funzionari distrettuali dell'istruzione responsabili delle divisioni. Lo studio è stato condotto nelle scuole ECD e primarie del distretto di Keiyo.

1.8.2 Limitazioni dello studio

Le limitazioni dello studio sono state le seguenti:

L'indagine sulla preparazione dei bambini alla transizione dall'ECD alla scuola primaria per i bambini del distretto di Keiyo è un argomento ampio che coinvolge molte parti interessate come il Ministero dell'Istruzione, gli insegnanti ECDE, gli insegnanti della scuola primaria, gli studenti ECD, gli studenti della scuola primaria e i funzionari dell'istruzione distrettuale, con esigenze e sfide diverse che questo studio potrebbe non aver incluso nel suo ambito. Per coprirli tutti, sono necessarie molte risorse e quindi il ricercatore ha limitato lo studio al programma ECDE nel distretto di Keiyo.

Lo studio non ha mai classificato le scuole in base al genere di iscrizione di bambini e bambine. Inoltre, lo studio non ha mai preso in considerazione le variazioni nella categorizzazione delle scuole. Questo avrebbe portato a un campo di applicazione più ampio per lo studio, che avrebbe richiesto molte risorse e tempo che non erano a disposizione del ricercatore. La letteratura sul passaggio dalla scuola dell'infanzia alla scuola primaria nel distretto di Keiyo era limitata.

1.9 Quadro teorico

Questo studio è stato guidato dalla teoria della transizione, sviluppata e utilizzata per la prima volta da Schlossberg nel 1981. La teoria di Schlossberg è tipicamente classificata come una teoria dello sviluppo degli adulti; tuttavia, la teoria è rilevante anche per gli studenti di altre età. Descrivendo il suo modello come un veicolo per analizzare l'adattamento umano alla transizione, Schlossberg ha affermato che l'adattamento è influenzato dall'interazione di quattro serie di variabili: la percezione della transizione da parte dell'individuo, le caratteristiche dell'ambiente pre-transizione e post-transizione e le caratteristiche dell'individuo che vive la transizione (Evans et al., 1989). Il modello è stato sviluppato per creare un quadro di riferimento che permetta agli operatori di capire perché le persone reagiscono e si adattano in modo così diverso alla transizione e perché la stessa persona può reagire e adattarsi in modo così diverso in momenti diversi della vita.

In qualità di insegnanti, è necessario assicurarsi che gli alunni non si sentano emarginati. Uno dei modi per raggiungere questo obiettivo è attraverso i nostri interventi e la valutazione continua del clima scolastico. È inoltre importante che gli insegnanti siano in grado di elaborare e comprendere le informazioni raccolte dagli alunni che stanno attraversando le transizioni, comprendendo al contempo la relazione tra gli alunni e il loro ambiente. L'interazione tra i fattori della biologia in fase di maturazione, l'ambiente familiare/comunitario e il paesaggio sociale alimenta e guida lo sviluppo della persona. I cambiamenti o i conflitti in uno strato si ripercuotono sugli altri strati. Per comprendere le transizioni degli alunni, quindi, dobbiamo guardare non solo agli alunni e al loro ambiente immediato, ma anche all'interazione dell'ambiente più ampio.

La teoria della transizione permette di trattare gli alunni come individui, in quanto afferma che ognuno gestisce le transizioni in modi molto diversi l'uno dall'altro. Questo concetto ci spinge a riflettere su ciò che le nostre scuole stanno facendo (o meno) per rendere i nostri ambienti inclusivi e sull'efficacia dei programmi di diversità stabiliti. Inoltre, ci aiuta a rivalutare ciò che le nostre istituzioni stanno facendo per migliorare l'accesso, l'equità e la qualità dell'esperienza educativa per tutti gli alunni, in particolare per quelli che iniziano l'istruzione nei centri ECD.

Questo studio ha cercato di stabilire il grado di preparazione dei bambini dall'ECD alla scuola primaria. Si tratta di una transizione nel livello di istruzione e quindi la teoria della transizione ha guidato il ricercatore nell'identificazione delle variabili coinvolte in questo studio. In base alla teoria della transizione, come già detto, il ricercatore è stato spinto a indagare se le attuali pratiche educative affrontano la preparazione dei bambini per il passaggio dall'ECD alla scuola primaria, a stabilire i servizi situazionali ECD forniti ai bambini per facilitare la transizione, a esaminare gli effetti del curriculum sulla preparazione dei bambini per il passaggio dall'ECD alla scuola primaria e a esaminare anche i fattori ambientali esterni. Questi aspetti hanno permesso al ricercatore di valutare la preparazione dei bambini al passaggio dall'ECD alla scuola primaria.

1.10 Sintesi
Questo capitolo ha presentato le informazioni di base, l'enunciazione del problema, lo scopo dello studio, gli obiettivi dello studio, le domande di ricerca, il significato dello studio, i limiti dello studio, l'ambito e le limitazioni dello studio e la definizione dei termini. Il capitolo successivo ha trattato la revisione della letteratura relativa allo studio attuale.

La siccità è rimasta un problema perenne nell'Africa sub-sahariana, con grandi siccità che si verificano ogni pochi anni, spesso causando carestie. La siccità è un evento climatico estremo ricorrente sul territorio caratterizzato da precipitazioni inferiori alla norma per un periodo che va da mesi ad anni. La siccità è un periodo di siccità temporanea, in contrasto con l'aridità permanente delle zone aride. La siccità si verifica nella maggior parte del mondo, anche nelle regioni umide e bagnate. Questo perché la siccità è definita come un periodo di siccità rispetto alla condizione normale locale. D'altra parte, le aree aride sono soggette alla siccità perché la quantità di precipitazioni dipende in modo critico da pochi eventi piovosi.

CAPITOLO DUE
REVISIONE DELLA LETTERATURA

2.0 Introduzione

Questo capitolo ha esaminato una serie di pubblicazioni, tra cui articoli, documenti di seminari, documenti politici governativi, atti di conferenze, manuali di formazione, documenti legislativi, rapporti di ricerca, riviste economiche, libri di testo, giornali e periodici. Per far luce su ciò che comporta la preparazione dei bambini alla transizione dalla scuola dell'infanzia alla scuola primaria, è stata fatta una critica dei lavori precedenti di vari autori e si è fornita una sintesi per mostrare l'unicità dello studio. Questo capitolo è suddiviso in letteratura generale sugli studi passati e letteratura correlata sotto i seguenti titoli:

2.1 Letteratura generale
2.1.1 Il concetto di transizione

Il termine transizione, in termini di educazione dei bambini, indica il processo di passaggio da un ambiente a un altro. Le transizioni tra i contesti educativi possono spesso significare un cambiamento di luogo, di insegnante, di programma e di filosofia (Margetts, 1999). Negli anni dell'educazione precoce si verificano diverse transizioni. Alcune si verificano nel corso degli anni, ad esempio da casa alla scuola dell'infanzia e da casa alla scuola formale. Altre si verificano durante la giornata o la settimana del bambino, ad esempio dall'asilo nido alla scuola o dalla scuola al doposcuola. Tutte le transizioni sono importanti Edgar (1986) ha suggerito che ognuna di esse comporta "sfide, incertezze e tensioni". Per questo motivo, si suggerisce che le transizioni debbano comportare pratiche che assicurino al bambino un passaggio agevole da un ambiente all'altro (Myers, 1997; Margetts, 2000);

Dunlop & Fabian, 2003).

Nella sua teoria della transizione, Schlossberg (1981) ha identificato quattro grandi gruppi di fattori, noti come le 4 S, che influenzano la capacità di una persona di affrontare una transizione: Situazione, Sé, Supporto e Strategie. La Schlossberg continua a sostenere che le 4 S: Cosa considerare: la persona usa diverse strategie di coping o solo una? La persona è in grado di affrontare in modo creativo la situazione, cambiandone il significato o gestendo le reazioni allo stress? La persona ha il sostegno di familiari, amici, colleghi e supervisori? In che modo le persone danno sostegno? In che modo ostacolano gli sforzi di cambiamento della persona? Quali sono i punti di forza e di debolezza che la persona apporta alla situazione? Crede che ci siano delle opzioni? È ottimista?

Caratteristiche personali e demografiche (sesso, età, stato socioeconomico, razza, ecc.) Che tipo di transizione è? È una transizione positiva, negativa, attesa, inaspettata, desiderata o temuta? La transizione è avvenuta nel momento peggiore o migliore? È "puntuale" o "fuori programma"? È volontaria o imposta? L'individuo si trova all'inizio, a metà o alla fine della transizione (in entrata, in uscita o in transito).

Nel 1995, Schlossberg ha integrato il modello di consulenza di Cormier e Hackney per fornire un utile veicolo per identificare le azioni efficaci che possono essere intraprese per sostenere gli individui in transizione Evans et al. (1998). Il modello di consulenza di Cormier e Hackney pone l'accento sulla costruzione della relazione, la valutazione, la definizione degli obiettivi, gli interventi, la conclusione e il follow-up del processo di preparazione alla transizione.

Ramey e Ramsey (1999) affermano che il passaggio a scuola è uno dei "pochi universali dell'infanzia". La transizione comprende il periodo che precede l'ingresso a scuola, l'ambientamento e l'inserimento del bambino nel nuovo contesto. Fabian e Dunlop (2002) suggeriscono che si tratta di un periodo di accelerazione dello sviluppo. Alcuni bambini si adattano facilmente a un nuovo ambiente educativo, ma per altri passare da un ambiente in cui sono familiari e sicuri a un nuovo ambiente scolastico può essere un compito difficile (Brostrom, 2000). Anche Bredekamp e Copple (1997) concordano sul fatto che il passaggio alla scuola è una delle principali sfide che i bambini devono affrontare. Essi affermano che per i bambini piccoli con poche strategie di coping ben sviluppate questa transizione può essere molto difficile e citano la mancanza di continuità nelle pratiche di insegnamento e l'assenza di preparazione per facilitare la transizione come fattori che contribuiscono alle difficoltà incontrate.

Dunlop e Fabian (2003) propongono che la transizione, la continuità e la progressione siano elementi chiave per il successo scolastico. Suggeriscono che la continuità è fondamentale in questa fase per consentire ai bambini di prevedere gli eventi e di avere un certo senso di controllo sul loro ambiente. Essi consigliano che è essenziale che i bambini ricevano le conoscenze necessarie per prepararsi ai tempi del cambiamento, alle persone coinvolte e alle aspettative del nuovo ambiente.

Infine, Pianta e Cox (1999) hanno riferito che alla fine della terza elementare, la maggior parte dei bambini si trova su "una traiettoria di sviluppo che seguirà per il resto degli anni scolastici". Tuttavia, il rapporto osserva che, sebbene questi primi anni di vita giochino un ruolo importante per il futuro dei nostri figli, la conoscenza di questo periodo è limitata, soprattutto in termini di preparazione dall'ECD alla primaria in Kenya.

2.2.2 La necessità di pratiche di transizione

Bailey (1999), spiegando il motivo per cui il National Center for Early Development and Learning (NCEDL) ha scelto il tema della transizione per una delle sue prime conferenze di sintesi, ha spiegato che ciò è dovuto al fatto che il gruppo ritiene che il successo nel primo anno di scuola sia fondamentale per la preparazione. La scuola dell'infanzia è un contesto in cui i bambini traggono importanti conclusioni sulla scuola come luogo in cui vogliono stare come discenti nei confronti della scuola.

Se non si raggiungono altri obiettivi, è essenziale che il passaggio a scuola avvenga in modo tale che i bambini e le famiglie abbiano un'opinione positiva della scuola e che i bambini abbiano una sensazione di competenza percepita come studenti: "La scuola è ok e penso di potercela fare". Purtroppo, molti bambini e famiglie giungono a conclusioni alternative sulla preparazione scolastica e sul loro adattamento all'ambiente scolastico proprio durante il primo anno di ECD e di scuola primaria (Bailey, 1999).

Kakvoulis (1994) concorda con quanto detto sopra e suggerisce che esiste una discontinuità verticale tra l'ECD e la scuola primaria, che provoca ansia e stress per molti bambini e può produrre effetti negativi a lungo termine sull'apprendimento dei bambini in questa prima fase della scuola primaria. Quindi, sebbene il cambiamento possa essere un'esperienza stimolante per i bambini, il divario tra i due livelli di sviluppo non deve essere troppo grande, altrimenti le conseguenze saranno negative per il bambino. Brostrom (2002) suggerisce che la chiave per una corretta preparazione alla transizione è che i bambini si sentano a proprio agio a scuola. Ciò implica sentimenti di benessere e di appartenenza, che permettono ai bambini di affrontare le sfide sociali e accademiche. Afferma inoltre che i bambini che si adattano bene alla scuola dell'infanzia hanno maggiori probabilità di avere successo scolastico in futuro.

A livello internazionale si sta riconoscendo che una transizione scolastica riuscita è importante per il benessere sociale ed emotivo del bambino, oltre che per i suoi successivi risultati cognitivi (Ramey & Ramsey, 1998; Kagan & Neumann, 1999), secondo i quali, insieme a molti altri cambiamenti che un bambino sperimenterà, la preparazione alla transizione crea sia sfide che opportunità di crescita. Essi consigliano che il successo in queste sfide può dare al bambino e alla sua famiglia fiducia e competenza per gestire i successivi spostamenti. Margetts (2002) afferma che la ricerca sull'adattamento dei bambini in questo momento critico suggerisce che le difficoltà sociali ed emotive nei primi anni di scuola formale possono predire il rischio di problemi educativi e sociali fino a dieci o dodici anni dopo. Come consigliano Pianta e Cox (1999): "La preparazione ai periodi di transizione è quella in cui si verificano notevoli cambiamenti. Lo sviluppo viene riorganizzato ed emergono nuove competenze, spesso con conseguenze per il bambino che segnano un cambiamento qualitativo. Quando le competenze del bambino in età prescolare interagiscono con le richieste dell'ambiente scolastico, può emergere un "nuovo" bambino, socialmente competente, alfabetizzato e capace di livelli più elevati di padronanza e fiducia in se stesso.

Entwisle e Alexander (1999) sostengono questa affermazione e propongono che, quando iniziano la scuola formale, i bambini assumono un nuovo ruolo, quello di studente. Si tratta di un ruolo che occuperanno per molti anni e il modo in cui si sviluppano in questo ruolo determina in larga misura la categoria professionale che assumeranno in seguito.

Tuttavia, i ricercatori Melton et al. (1999) hanno notato che l'importanza di questa fase come transizione di vita non ha attirato quasi nessuna attenzione da parte dei ricercatori di scienze sociali e "la sua natura critica per lo sviluppo precoce è stata ampiamente trascurata dal pubblico e dai responsabili delle politiche" (Entwisle & Alexander, 1999).

Gli studi hanno anche dimostrato che, nella pratica, c'è poca enfasi da parte delle scuole sul processo di preparazione alla transizione. Il National Transition Study (Love et al 1992) ha rilevato che su 1.003 scuole studiate, meno della metà prevedeva programmi formali di visite scolastiche per i genitori, solo il 10% delle scuole comunicava con gli insegnanti della scuola dell'infanzia e solo il 12% aveva programmi di studio basati sui programmi della scuola dell'infanzia.

Secondo Myers (1997), c'è un'ampia ragione per impegnarsi a facilitare il passaggio dalla scuola dell'infanzia alla scuola, perché questo porterà benefici ai singoli bambini, al sistema scolastico e alla società in generale. I benefici includono: riduzione dei livelli di insuccesso personale, delle ripetizioni e dell'abbandono scolastico; maggiore interesse per l'apprendimento da parte dei bambini; aumento del livello di competenze che i bambini continueranno a utilizzare per tutta la vita.

Gli studi condotti sulla necessità di transizione ci permettono di avere una visione d'insieme dei fattori ambientali esterni che influenzano il passaggio agevole alla scuola primaria e ci hanno portato a raggiungere l'obiettivo di questo studio.

2.2.3 I rischi dei bambini nel vivere esperienze difficili nella preparazione alla transizione

Brostrom (2000) suggerisce che la maggior parte dei bambini si adatta bene al passaggio alla scuola formale. Sono in grado di affrontare le sfide che la preparazione alla transizione comporta. Tuttavia, per alcuni bambini l'inizio della scuola non è un'esperienza positiva. Egli propone che per questi bambini "ogni giorno porta troppe sfide o il tipo sbagliato di sfide". Zill (1999) ha riferito che negli Stati Uniti un bambino su sei incontra serie difficoltà nel passaggio alla scuola formale. I problemi più diffusi, secondo Zill, sono la difficoltà a seguire le indicazioni, la mancanza di competenze accademiche, la disorganizzazione familiare e la difficoltà a lavorare in modo indipendente. Questi risultati si basano su uno studio condotto da Pianta et al. (1998, citato

in Zill, 1999) che ha rilevato che il 16% dei bambini ha avuto un "ingresso difficile o molto difficile", causando all'insegnante "serie preoccupazioni" sul loro adattamento alla scuola.
Zill indica che i problemi di preparazione alla transizione sono più diffusi nelle città o nelle comunità rurali, ma meno in Serbia. Cita anche i tassi di povertà e la composizione delle minoranze nelle scuole come fattori importanti.
Brostrom (2000) suggerisce tuttavia che un'esperienza negativa di transizione è spesso dovuta a problemi associati al personale docente piuttosto che al bambino. Il primo è che gli insegnanti scolastici hanno una conoscenza limitata della vita prescolare e viceversa. Il secondo, a suo avviso, è che questi due gruppi hanno anche definizioni diverse di preparazione scolastica. Ritiene che le contraddizioni educative tra i due contesti siano significative e suggerisce che spesso i due gruppi di insegnanti non comunicano correttamente.
Tuttavia, i problemi possono emergere anche a causa delle convinzioni del bambino. Brostrom (2000) ha scoperto che alcuni bambini hanno una visione autoritaria della scuola, ormai superata. Ha suggerito che questi bambini sono ad alto rischio di ansia da scuola, che può prosciugare le loro energie a tal punto da compromettere la loro capacità di apprendimento. Ha citato una ricerca del 1999, secondo la quale il 12% delle aspettative dei bambini danesi nei confronti della scuola era caratterizzato da ansia. Uno studio successivo, condotto nel 2000, ha rilevato che il 24% dei bambini si aspettava un "insegnante che sgrida, che ordina ai bambini di stare fermi e in silenzio". Brostrom (2000) ha citato quanto sopra come prova a sostegno dell'importanza di istituire attività di transizione, in particolare per i gruppi di bambini che temono l'inizio della scuola formale.
Margetts (2002) ha studiato gli effetti delle modalità di assistenza all'infanzia e delle influenze familiari sull'adattamento al primo anno di scuola di 212 bambini in Australia. L'autrice ha riscontrato che la frequenza di una scuola dell'infanzia di 3 anni e di una scuola dell'infanzia di 4 anni ha apportato benefici significativi ai bambini all'arrivo a scuola, sia in termini di competenze sociali che accademiche.
Al contrario, l'asilo nido familiare ha predeterminato livelli più bassi di cooperazione scolastica. L'autrice ha inoltre riscontrato che il genere predice in modo significativo la cooperazione, l'autocontrollo e i livelli più elevati di abilità sociali durante il primo anno di scuola, con le ragazze che presentano livelli più elevati rispetto ai ragazzi in tutte queste aree. Questi risultati sull'influenza del genere sull'adattamento alla scuola formale sono supportati da altre ricerche (Entwisle & Alexander, 1988; Zill, 1999).
È stato anche suggerito che la preparazione alla transizione verso la scuola formale sarà più difficile per i bambini più piccoli (Horgan, 1995). L'età delle classi dei bambini piccoli va dai 4 ai 6 anni. I bambini che iniziano la scuola prima dei 5 anni non hanno ancora compiuto il grande

cambiamento cognitivo che avviene tra i 5 e i 7 anni (Bredekamp & Copple, 1997).

Molti ricercatori (Wolery, 1999) hanno identificato i bambini con bisogni speciali e le loro famiglie come soggetti a un rischio sostanziale di difficoltà nel passaggio alla scuola formale. Wolery (1999) sostiene che, sebbene questi bambini e le loro famiglie abbiano spesso sperimentato diverse transizioni prima della scolarizzazione formale (ad esempio, programmi di intervento precoce, centri di sollievo, programmi per neonati e bambini piccoli, programmi prescolari), questa transizione può essere particolarmente difficile e può essere necessaria una considerazione speciale per i bambini con disabilità. L'autore suggerisce che per superare le sfide che questi bambini devono affrontare, si dovrebbero sviluppare politiche di transizione che tengano conto delle esigenze di entrambi i gruppi di personale che lavorano con il bambino, della famiglia e dei bambini stessi. È inoltre importante notare che, quando si esamina se particolari bambini o gruppi di bambini possono incontrare maggiori difficoltà durante il periodo di preparazione alla transizione, anche le aspettative che gli insegnanti hanno per gli studenti in generale o per i singoli studenti influiscono sulle loro prestazioni (Myers, 1997).

2.2.4 Sottovalutazione da parte degli insegnanti delle capacità scolastiche degli alunni

Fouracre (1993) ha condotto uno studio di caso su una scuola secondaria scozzese e sulle cinque scuole primarie associate. Lo scopo dello studio era quello di esaminare le aspettative degli alunni sul passaggio dalla scuola primaria a quella secondaria, utilizzando una serie di test, questionari, saggi e discussioni di gruppo. Tra le aree di interesse di questo studio c'era la generale discrepanza tra le percezioni degli alunni sui progressi compiuti dopo il passaggio e i loro progressi effettivi, nonché la discrepanza tra le aspettative degli alunni sulla vita e sul lavoro nella scuola secondaria e la realtà di questi ultimi.

Dall'analisi del questionario sono emersi risultati interessanti: Il 69% degli alunni dell'Y6 era soddisfatto dei propri progressi in generale alla scuola primaria. Dopo il trasferimento, questo dato è salito al 78%, ma i test sulle competenze di base (come l'ortografia e la punteggiatura) hanno mostrato un calo dei progressi dopo il trasferimento. Ciò indica una discrepanza tra la percezione degli alunni e il loro effettivo livello di progresso nel 7° anno. L'84% degli alunni del 7° anno si aspettava di ricevere più compiti a casa alla scuola secondaria.

L'80% degli alunni del 7° anno si aspettava che il lavoro nella scuola secondaria fosse più difficile di quanto non fosse. Questa risposta corrisponde alla percezione che, sebbene gli alunni della primaria pensassero che gli insegnanti della secondaria si aspettassero di più da loro, in pratica, dopo il trasferimento, il numero di coloro che ne erano convinti era diminuito, con un numero maggiore di incerti. Gli insegnanti delle scuole secondarie sembrano sottovalutare le capacità accademiche degli alunni del 7° anno.

Fouracre (1993) suggerisce che esiste una chiara discontinuità accademica tra la scuola primaria e quella secondaria, con gli insegnanti che sottovalutano le capacità degli alunni del settimo anno. I risultati indicano anche che c'è una generale discrepanza tra le aspettative degli studenti sulla vita e sul lavoro nella scuola secondaria e le loro esperienze reali. L'idea che gli insegnanti della scuola secondaria sottovalutino le capacità accademiche degli alunni del settimo anno sembra essere supportata anche dai risultati di Galton et al. (1999).

Questo studio si proponeva di esplorare l'idea che gli alunni subiscano un "calo" nei loro progressi accademici dopo la transizione e di identificare eventuali strategie di successo per aumentare e mantenere gli standard durante la transizione. Ha rivelato che il lavoro impostato dagli insegnanti per gli alunni del 7° anno sottovaluta le loro capacità. I risultati supportano anche l'ipotesi di un "calo" accademico dopo la transizione, poiché i risultati hanno evidenziato alcuni casi in cui l'apprendimento degli alunni del 7° anno sembra ristagnare o regredire. Due alunni su cinque non sono riusciti a fare progressi durante il primo anno dopo la transizione. Ancora una volta, questo sottolinea il problema del fatto che gli insegnanti secondari non spingono sufficientemente i loro alunni dal punto di vista accademico e pone la questione se il periodo di transizione stia preparando con successo gli alunni dal punto di vista accademico per il 7° anno (Galton et al. 1999).

Tuttavia, Galton, Gray e Rudduck (1999) hanno riscontrato che negli ultimi vent'anni c'è stato un netto miglioramento sia per quanto riguarda il trasferimento che la transizione. Ciononostante, gli autori raccomandano la necessità di: pagina 131

L'attenzione alle transizioni e ai trasferimenti; la valutazione dell'impatto delle attuali strategie di trasferimento e transizione; l'attenzione ai resoconti degli alunni sul motivo del loro disimpegno o del loro scarso rendimento in questi momenti critici; il riconoscimento di quando e come gruppi diversi di alunni diventano' a rischio" e il raggiungimento di un migliore equilibrio tra le preoccupazioni accademiche e sociali nei vari momenti di trasferimento e transizione.

Galton, Gray e Rudduck (2000) hanno condotto studi di caso su nove LEA intervistando 50 direttori di scuola primaria, analizzando i dati KS di oltre 3.000 alunni e studiando 25 scuole. Lo studio si è occupato dei fattori che influenzano i progressi degli alunni tra i 7 e i 14 anni, in particolare il passaggio dalla scuola primaria a quella secondaria. Questo studio si è basato su uno studio precedente rivelato dalla revisione della transizione (Galton, Gray e Rudduck, 1999), che ha concluso che le disposizioni delle scuole per la transizione funzionavano per lo più bene, ma ha anche evidenziato la necessità di comprendere meglio i "cali" nell'atteggiamento, nell'impegno e nei progressi nei punti chiave della transizione e nel periodo successivo alla transizione.

I risultati dello studio suggeriscono che, durante la transizione, le scuole prestano maggiore attenzione alle questioni curriculari e pedagogiche, tuttavia, sia gli atteggiamenti che i progressi degli alunni (soprattutto in inglese e scienze) indicano che gli alunni sono ancora non sufficientemente stimolati nel Y7.

Uno degli studenti dello studio ha riferito che nella classe 7 di Scienze gli alunni passano gran parte del tempo a copiare i dettagli degli esperimenti, suggerendo che forse gli alunni della classe 7 non sono sufficientemente stimolati dal punto di vista accademico. Galton, Gray e Ruddock (2000) suggeriscono che le scuole dovrebbero concentrarsi sulle dimensioni accademiche (piuttosto che sociali) della transizione per sostenere i progressi degli alunni. Kirkpatrick (1992) riporta uno studio con risultati simili a quelli sopra citati. Per un periodo di dodici mesi, i ricercatori hanno intervistato un campione di bambini dell'Australia occidentale, esplorando le loro aspettative prima della transizione e le loro esperienze e percezioni al momento dell'ingresso nella scuola secondaria.

La ricerca di questo studio suggerisce che il passaggio alla scuola secondaria è accompagnato da un calo del rendimento scolastico e dell'atteggiamento degli studenti nei confronti della scuola. Gli alunni del 7° anno hanno riferito di aver fatto pochi miglioramenti durante il primo anno di scuola secondaria e in alcuni casi il loro rendimento scolastico è addirittura diminuito. Gli alunni hanno riferito che il lavoro svolto nel primo anno di scuola secondaria non era più difficile (e a volte più facile) di quello svolto alla scuola primaria.

I ricercatori hanno suggerito che i cambiamenti nelle dimensioni e nella struttura delle scuole secondarie rispetto alle scuole primarie possono aver contribuito al declino del rendimento scolastico e della motivazione. Tuttavia, altre cause suggerite sono: la mancanza di sfide accademiche presentate dagli insegnanti della scuola secondaria, la pressione dei coetanei a non apparire "troppo accademici", un crescente senso di noia e la mancanza di impegno da parte degli alunni quando ripetono il lavoro già svolto nella scuola primaria. Gli studi sopra citati presentano tutti risultati simili, suggerendo che gli insegnanti di scuola secondaria sottovalutano le capacità accademiche degli alunni del 7° anno e quindi questo può contribuire alla presenza di un "calo" accademico durante il primo anno di scuola secondaria. La discussione precedente indica che ci sono sfide da affrontare nel processo di transizione. Ciò ha reso necessario lo studio attuale, che analizza la preparazione dei bambini al passaggio dalla scuola dell'infanzia alla scuola primaria.

2.2.5 Fattori socio-culturali che influenzano la transizione

Il Rapporto di monitoraggio globale 2007 sull'educazione per tutti (EFA) ha confermato che sempre più bambini (86%) hanno accesso alla scuola primaria di primo grado. L'aumento dell'accesso tra il 1999 e il 2004 è stato più marcato nell'Africa subsahariana (dal 55 al 65%) e nell'Asia meridionale e occidentale (dal 77 all'86%). Le bambine stanno beneficiando di questo aumento delle iscrizioni. Dei 181 Paesi per i quali esistono dati, circa due terzi hanno raggiunto la parità di genere nelle iscrizioni all'istruzione primaria (UNESCO, 2006).

Ma rimangono grandi sfide nel movimento per raggiungere l'istruzione per tutti: settantasette milioni di bambini non frequentano ancora né la scuola primaria né quella secondaria. Di questi, 7 milioni hanno abbandonato la scuola, 23 milioni rischiano di iscriversi in ritardo e 47 milioni è improbabile che si iscrivano senza ulteriori incentivi. India, Nigeria, Pakistan ed Etiopia rappresentano 22,8 milioni (due terzi) di questo totale (UNESCO, 2006).

Sebbene le iscrizioni al grado 1 siano aumentate notevolmente, troppi bambini che iniziano la scuola non raggiungono l'ultimo anno di scuola primaria. Nella maggior parte dei Paesi dell'America Latina e dei Caraibi, almeno il 17% degli studenti del primo anno non raggiunge l'ultima classe. Questa percentuale è superiore al 33% nella maggior parte dei Paesi dell'Africa sub-sahariana. Il completamento scolastico è basso anche in diversi Paesi dell'Asia meridionale e occidentale, tra cui Bangladesh e Nepal. I problemi sono più gravi nei Paesi con elevata povertà, esclusione e scuole di scarsa qualità (UNESCO, 2006). In generale, i bambini hanno maggiori probabilità di non andare a scuola se provengono da famiglie povere, vivono in aree rurali e hanno madri che non hanno ricevuto alcuna istruzione. In Etiopia, i bambini delle zone rurali hanno una probabilità di abbandono scolastico 60 volte superiore a quella dei bambini delle città. In Burkina Faso, Mali e Mozambico, tra i bambini appartenenti al 40% delle famiglie più povere, solo il 10% di quelli che sono entrati nella scuola primaria è riuscito a completarla. In Uganda, le iscrizioni alla prima classe sono aumentate, ma la metà degli alunni che entrano a scuola abbandona o ripete la prima classe.

Graham e Hill (2002) hanno condotto uno studio quantitativo sulla transizione e hanno scoperto che oltre il 77% del campione concorda sul fatto che la transizione è più difficile per gli alunni che parlano una lingua diversa dall'inglese a casa. Ciò rappresenta un problema in relazione all'integrazione con i compagni di classe e quindi influisce sul successo della transizione. Lo studio suggerisce anche che i fattori socioculturali influenzano il successo della preparazione alla transizione per i bambini.

Una revisione sistematica della letteratura condotta dall'Università della Nuova Zelanda (McGee, Ward, Gibbons e Harlow, 2004) ha cercato di fare luce su ciò che si sa sulla transizione tra scuola primaria e secondaria. Lo studio ha messo in evidenza i problemi riscontrati negli studi precedenti relativi all'impatto della transizione sia sul rendimento scolastico dei bambini che sul loro adattamento alla scuola secondaria, nonché gli eventuali impatti sui diversi gruppi di alunni. Sono stati identificati otto temi: risultati scolastici, adattamento sociale, collegamenti tra le scuole, questioni organizzative, percezione degli alunni, fattori culturali, fattori socio-economici e differenze di genere. I punti riassuntivi di cui sopra indicano la gamma di problemi derivanti dalla transizione.

Risultati scolastici: Dopo il passaggio alla scuola secondaria, gli studenti tendono a subire una diminuzione dei risultati accademici. I risultati accademici nel primo anno di scuola secondaria sembrano essere correlati a un minore interesse degli studenti per le attività accademiche e a un aumento delle attività non accademiche negli anni centrali.

Adattamento sociale: La transizione è stressante: avere informazioni adeguate e attività di sostegno sociale che aiutino gli studenti a formare reti di amicizia sono fattori cruciali per affrontarla. Una maggiore autostima può aiutare la motivazione accademica.

Collegamenti tra scuole: La continuità del programma di studi risente della transizione. Poche scuole secondarie hanno accordi di collegamento sostenuti incentrati sulla progressione dell'apprendimento dei singoli alunni. Le aspettative di insegnamento spesso differiscono tra la scuola primaria/intermedia e la scuola secondaria. Le scuole secondarie spesso non tengono conto delle esperienze o dei risultati precedenti.

Problemi organizzativi: Le difficoltà incontrate da alcuni alunni nel passaggio dalla struttura della scuola primaria a quella della scuola secondaria si sono rivelate temporanee. Prima del passaggio, gli alunni devono essere ritenuti maggiormente responsabili del loro apprendimento, devono essere istruiti sulle strategie per imparare da soli e devono ricevere un programma di studi più impegnativo, con obiettivi chiari di risultati accademici.

Percezione degli alunni: Gli alunni della primaria vedono la transizione in modo positivo. Gli alunni a rischio necessitano di un intervento prima della transizione.

Fattori culturali: La transizione può porre problemi e preoccupazioni specifiche per gli alunni che non appartengono alla cultura maggioritaria. Insegnanti e alunni hanno una percezione diversa dei problemi. Gli alunni tendono a pensare che ci sia un problema nella realizzazione dei programmi; gli insegnanti tendono a pensare che gli alunni portino con sé i problemi.

Fattori socio-economici: Lo status socioeconomico (SES) è un fattore che può portare a scarsi risultati. Le scuole secondarie con alunni con un basso SES hanno in genere programmi di sostegno per gli alunni a rischio. Il sostegno della famiglia è legato ai risultati dopo la transizione e l'influenza di genitori efficaci è cumulativa.

Differenze di genere: Al momento della transizione, l'atteggiamento delle ragazze nei confronti degli insegnanti e dell'apprendimento è diverso da quello dei ragazzi. La tendenza a "insegnare ai ragazzi" perché hanno bisogno di più aiuto o fanno più richieste è considerata ingiusta e sfruttata da alcuni ricercatori (McGee, Ward, Gibbons e Harlow, 2004). Il presente studio cerca di basarsi sui risultati precedenti nel tentativo di fare ulteriore luce sulle pratiche efficaci e sui fattori che influenzano la transizione, nonché di esplorare la continuità tra l'ECD e la scuola primaria.

2.2.6 Servizi situazionali nei programmi ECD

I bassi tassi di iscrizione, la scarsa frequenza, le ripetizioni, gli alti tassi di abbandono e i diffusi risultati insufficienti nei primi anni di scuola sono tutti segnali che un sistema scolastico non sta raggiungendo l'obiettivo della "preparazione dei bambini". Tra i fattori che incidono sulla preparazione scolastica vi sono: l'ubicazione della scuola, l'accessibilità e le pratiche di ammissione che determinano quali bambini sono inclusi e quali esclusi, le condizioni e le dimensioni delle classi, in particolare il sovraffollamento, che è più comune nei primi anni di scuola,

Disponibilità, fiducia e impegno degli insegnanti, metodi di insegnamento inadeguati e disciplina severa, spesso associati a bassi livelli di formazione professionale e a una retribuzione insufficiente per gli insegnanti che lavorano con i bambini più piccoli, discrepanza tra la lingua e la cultura della casa e quella della scuola e, più in generale, mancanza di rispetto per le competenze culturali e l'apprendimento pregresso dei bambini, risorse e registrazioni inadeguate, che determinano un apprendimento debole e un monitoraggio inadeguato dei progressi degli studenti.

Troppo spesso, questi fattori si combinano in cicli di fallimento che si auto-perpetuano, in cui i primi gradi di scuola diventano progressivamente più sovraffollati, gli insegnanti demoralizzati, i genitori e i bambini disinteressati e i dirigenti scolastici esautorati. Le politiche scolastiche, per essere veramente efficaci, devono affrontare l'intero sistema in modo integrato (Arnold *et al.*, 2006; Lewin, 2007).

La conferenza dell'Associazione per lo Sviluppo dell'Educazione in Africa (ADEA) tenutasi nel 2006 in Gabon (ADEA, 2007, online) ha individuato molti modi in cui le scuole non sono pronte per i bambini (soprattutto per le bambine), tra cui i lunghi tempi di percorrenza per raggiungere la scuola, le classi numerose, i programmi di studio inadeguati, l'insegnamento routinario, la carenza di materiali e la formazione inadeguata degli insegnanti. Ha anche identificato i modi in cui i bambini non sono pronti per la scuola, a causa della povertà, della cattiva alimentazione e soprattutto dell'impatto della povertà.

HIV/AIDS sulle capacità delle famiglie di sostenere i propri figli. L'incontro ha proposto un quadro politico completo, che affronta le strutture organizzative e finanziarie, il coordinamento intersettoriale e gli approcci di partenariato per sostenere i bambini nelle famiglie, nelle comunità e nei contesti scolastici.

Per molti anni, le prove di efficacia per l'impegno politico nella vita dei bambini svantaggiati si sono basate sulle valutazioni dei programmi nazionali avviati a partire dagli anni '60 (Ziegler e Styfco, 2004; Schweinhart e Weikart, 1980; Campbell e Ramey, 1994). Il progetto prescolare High/Scope Perry è stato il più influente, con sorprendenti prove a lungo termine di una maggiore predisposizione dei bambini alla scuola, con tassi di abbandono più bassi e risultati scolastici più elevati, minori tassi di rinvio all'istruzione speciale, minore dipendenza dai sussidi sociali e minore incidenza della criminalità tra i bambini selezionati per un programma di educazione precoce di alta qualità rispetto a un gruppo di controllo. Sia il gruppo sperimentale che quello di controllo sono stati seguiti fino all'età di 40 anni (Schweinhart *et al.*, 2004).

Nel 1990, alcuni studi condotti nel mondo della Maggioranza hanno iniziato a fornire prove positive dell'efficacia dell'intervento precoce, compresi i programmi di nutrizione precoce e di sviluppo infantile (Myers, 1992). Quasi due decenni dopo, una revisione si è concentrata su venti studi più recenti che rispondevano a sei criteri rigorosi, tra cui la sperimentazione controllata randomizzata o il disegno di gruppi di confronto abbinati. Sono stati riscontrati effetti positivi nei programmi per genitori e genitori-bambini in Bangladesh, Bolivia, Colombia, Giamaica e Turchia. Le valutazioni di otto programmi basati su centri in contesti altrettanto diversi hanno riportato guadagni cognitivi e miglioramenti nelle competenze sociali dei bambini, e per i progetti con dati longitudinali ciò si è riflesso in un aumento della frequenza, del mantenimento e del rendimento scolastico.

Infine, sei programmi completi di sviluppo infantile (tra cui l'Integrated Child Development Service (ICDS) in India e il Proyecto Integral de Desarollo Infantil (PIDI) in Bolivia) hanno dimostrato i benefici di modelli integrati che includono la nutrizione precoce e il sostegno ai genitori, oltre al lavoro diretto con i bambini (Engle *et al.*, 2007).

Sebbene siano stati compiuti notevoli progressi nel raggiungimento dell'istruzione per tutti, continuano a essere i più svantaggiati ad essere a più alto rischio di esclusione scolastica, di risultati insufficienti e di abbandono precoce (UNESCO, 2006). Il più delle volte, questi problemi sono stati concettualizzati come "preparazione dei bambini alla scuola". La povertà, la cattiva alimentazione e la mancanza di risorse e stimoli nei primi anni di vita sono stati identificati come fattori chiave, portando un gruppo di studiosi a stimare che più di 200 milioni di bambini non riescono a realizzare il loro potenziale di sviluppo (Grantham-McGregor *et al.*, 2007).

Concentrarsi sulla predisposizione dei bambini a trarre beneficio dalla scuola è, nel migliore dei casi, una semplificazione eccessiva e, per certi versi, equivale a "incolpare la vittima" per le inefficienze dei sistemi educativi. Una visione più equilibrata riconosce che i sistemi scolastici sono attualmente parte del problema tanto quanto la sua soluzione. Nei Paesi in via di sviluppo,

poveri di risorse, che costituiscono i due terzi del mondo (il cosiddetto mondo maggioritario), proprio i bambini che potrebbero trarre i maggiori benefici da un'istruzione di qualità hanno, di norma, meno possibilità di accedere a programmi validi a livello pre-primario o primario. Questi bambini hanno anche meno probabilità di arrivare al completamento della scuola, perpetuando così i cicli intergenerazionali di povertà e disuguaglianza (Arnold *et al.*, 2006). Le eccezioni sono
incoraggianti, ma sono pochi e lontani tra loro. La sfida per le politiche è, in breve, quella di "predisporre le scuole per i bambini" e di "predisporre i bambini per la scuola" (Myers e Landers, 1989).

Da una prospettiva incentrata sul bambino, questa sfida si traduce nel garantire una "preparazione alle transizioni di successo". La rapida crescita dei servizi di educazione e cura della prima infanzia (ECEC) significa che in molte società questi problemi di "transizione" stanno diventando più complessi, soprattutto quando le politiche e i servizi per la prima infanzia e la scuola primaria non sono coordinati. I bambini possono doversi adattare ad ambienti, aspettative e culture molto diverse. Altrettanto preoccupante è il rapporto tra scuola dell'infanzia e scuola, che può essere coordinato attraverso la "scolarizzazione" della scuola dell'infanzia. Lavorare per "un partenariato forte e paritario" tra la prima infanzia e la scuola primaria offre una visione più positiva per la preparazione alla transizione dalla scuola dell'infanzia alla scuola primaria.

Dagli studi dei suddetti studiosi è stato possibile per il ricercatore raggiungere l'obiettivo di stabilire la situazione dei servizi ECD forniti ai bambini per facilitare una transizione agevole dall'ECD alla scuola primaria analizzare e scrivere raccomandazioni.

2.2.7 La visione dell'ECD

Il MOEST e la Fondazione Benard Van Lee hanno portato avanti il progetto di sperimentazione sull'educazione prescolare dal 1972 al 1982 (UNESCO 2005). L'obiettivo principale era quello di migliorare la qualità dei servizi per la prima infanzia sviluppando linee guida e programmi pedagogici e di formazione. L'interesse per la qualità generato dal progetto ha acceso i riflettori sull'importanza del sotto-settore della creazione per l'ECD e ha portato alla circolare presidenziale n. 1 del 1980, che ha incaricato il MOEST di occuparsi della scuola dell'infanzia dai 3+ ai 5+ anni. Anche attualmente il governo sta lavorando per inserire il sotto-settore dell'educazione ECD nel Ministero dell'Istruzione.

Tuttavia, dopo la Dichiarazione di Jomtien del 1990 sull'istruzione per tutti, in cui si afferma che l'apprendimento inizia dalla nascita, il MOEST ha inserito i bambini sotto i 3 anni nell'ambito dell'educazione prescolare con il piano di sviluppo 1989-93. Grazie a questo importante passo, l'intera fascia di età della prima infanzia, dalla nascita agli oltre 5 anni, è stata posta sotto l'egida del settore dell'istruzione.

Dal 1997 al 2004 è stato avviato un progetto della Banca Mondiale che ha offerto al governo un'altra importante opportunità per ampliare la propria visione sulla prima infanzia. Il progetto ha sottolineato l'importanza di soddisfare le esigenze nutrizionali e sanitarie dei bambini, oltre a quelle di apprendimento. Di conseguenza, la preoccupazione per la cura e lo sviluppo dei bambini è entrata esplicitamente nel discorso del MOEST sulla prima infanzia.

Tuttavia, questa visione allargata non ha cercato di affrontare le lacune esistenti nell'attuazione dell'ECD. In primo luogo, mentre l'erogazione dei servizi per i bambini di età superiore ai tre anni è assicurata dai centri ECD, non esiste una struttura di servizi equivalente per i bambini di età inferiore ai tre anni. Inoltre, le madri con bambini piccoli si recano presso i servizi sanitari per il monitoraggio della crescita e le vaccinazioni, che sono più o meno le uniche cure che forniscono ai loro figli piccoli.

Le visioni del MOEST sull'ECD hanno portato il governo ad abbracciare la necessità di illuminare le comunità e le varie organizzazioni sull'importanza della preparazione all'ECD per la transizione dall'ECD alla scuola primaria e ci hanno permesso di avere una panoramica degli effetti dell'ECD e del curriculum della scuola primaria sulla preparazione alla transizione. Di conseguenza, siamo stati in grado di raggiungere l'obiettivo che ci eravamo prefissati.

2.2.8 Impatto dell'istruzione primaria gratuita sull'ECDE in Kenya

L'istruzione primaria gratuita (FPE), introdotta in Kenya nel 2003, ha permesso a 1,3 milioni di bambini poveri di beneficiare per la prima volta dell'istruzione primaria grazie all'abolizione delle tasse e dei contributi per l'iscrizione. Il tasso di iscrizione lordo all'istruzione primaria è passato dall'86,8% nel 2002 al 101,5% nel 2004. Sebbene sia stato concepito per promuovere l'istruzione primaria, l'FPE ha avuto conseguenze in altre aree dell'istruzione, compreso lo sviluppo della prima infanzia (ECD). Lo scopo del presente documento è quello di discutere l'impatto dell'FPE sull'ECD in Kenya e di delineare due importanti opzioni politiche che potrebbero mitigare il possibile impatto negativo.

Secondo l'UNESCO/OCSE (2004), gli studi sugli effetti del FPE sui centri ECD hanno osservato che la politica ha avuto un impatto negativo sui centri ECD che servono bambini poveri. Nella Provincia del Nord Est, una delle regioni più svantaggiate, ad esempio, si è registrata una forte diminuzione delle iscrizioni all'ECD dopo l'attuazione dell'FPE.

Il calo delle iscrizioni sembra essere così acuto e diffuso da far temere il "collasso" dei servizi ECD. Nelle regioni più agiate, come la provincia della Rift Valley e la città di Nairobi, si osserva un calo delle iscrizioni nei centri ECD pubblici e comunitari, che di solito servono i bambini più poveri, ma non nei centri ECD privati, che accolgono quelli più abbienti.

La ragione principale di questo fenomeno è che, da quando è stato introdotto l'FPE, i genitori poveri scelgono di ritirare i propri figli dai centri ECD e/o di tenerli a casa fino all'età di ingresso alla scuola primaria. Si rifiutano di pagare le rette per l'ECD, sostenendo che l'ECD, come l'istruzione primaria, dovrebbe essere gratuita. La diminuzione delle iscrizioni ha comportato una riduzione degli stipendi per gli insegnanti di ECD. In Kenya, nella maggior parte dei casi gli stipendi degli insegnanti ECD sono coperti dalle tasse dei genitori, a differenza dei loro colleghi delle scuole primarie, che sono pagati dal governo in base a una scala salariale ufficiale per gli insegnanti. Nei centri ECD, le rette dei genitori sono pagate in proporzione al numero di bambini iscritti e vengono utilizzate per lo più, se non interamente, per coprire gli stipendi degli insegnanti. Pertanto, il livello di retribuzione degli insegnanti dipende dal numero totale di bambini iscritti e dalla capacità dei genitori di pagare le rette. Di conseguenza, la riduzione del numero di iscrizioni all'ECD causata dall'FPE è stata un duro colpo per gli insegnanti, la cui retribuzione era esigua e instabile già prima dell'introduzione dell'FPE. Con i genitori sempre più restii a pagare per l'ECD, l'FPE ha reso ancora più difficile mobilitare le risorse dei genitori per l'ECD. I casi di maggiore precarietà del lavoro e di chiusura di centri ECD sono in aumento, soprattutto nelle comunità povere (UNESCO/OCSE, 2004).

L'FPE ha avuto anche conseguenze indesiderate per l'ECD in termini di allocazione delle risorse. Le aule ECD allestite nei locali delle scuole primarie pubbliche sono state chiuse per far fronte all'aumento delle iscrizioni all'istruzione primaria provocato dall'FPE. In alcuni casi, i bambini e gli insegnanti ECD devono sopportare spazi ridotti; in altri, sono stati spostati nelle aule peggiori della struttura. A livello distrettuale, le ispezioni e la supervisione dei centri ECD, in parte effettuate dagli ispettori zonali delle scuole, sono diventate meno frequenti. Incaricati dal governo di monitorare da vicino i progressi dell'FPE, gli ispettori zonali dedicano più tempo a visitare le scuole primarie, lasciando poco spazio al lavoro con i centri ECD.

Per risolvere i principali problemi causati dalla FPE, è necessario fornire un anno gratuito di istruzione pre-primaria a tutti i bambini di cinque anni - l'anno che precede l'ingresso alla scuola primaria - impartito da insegnanti sponsorizzati dal governo. L'altra è quella di permettere ai centri ECD di continuare a garantire lo sviluppo continuo e olistico dei bambini, fornendo piccoli sussidi governativi agli insegnanti ECD che lavorano nelle comunità povere, indipendentemente dalle fasce d'età di cui si occupano. Sebbene il governo abbia deciso di sostenere efficacemente l'ECDE pubblica in Kenya, c'è ancora molto da fare.

La seconda lacuna riguarda l'attuazione dei principi dell'ECD tra i bambini di età superiore ai tre anni. Molti centri ECD pongono talmente tanta enfasi sulle abilità di alfabetizzazione e di calcolo che sono essenzialmente centri di istruzione primaria precoce piuttosto che centri ECD.

Molte aule ECD, comprese quelle per bambini di oltre 3 anni, hanno i bambini disposti in file di sedie e banchi di fronte all'insegnante in piedi alla lavagna. Esistono metodi pedagogici incentrati sul bambino, ma per lo più in pochi servizi privati nelle aree urbane. Anche la comprensione dell'ECD da parte dei genitori è in gran parte incentrata sull'acquisizione precoce delle capacità di apprendimento dei bambini. Questo è particolarmente vero tra i genitori poveri e analfabeti. Purtroppo, la scarsa pressione dei genitori può trasformare i centri ECD in strutture per l'istruzione primaria precoce "de facto". Inoltre, in molte aree povere, i centri ECD sono semplicemente classi preparatorie per la prima elementare, rivolte a bambini di 7+ - 8+ anni non scolarizzati (Linee guida per la formazione dei formatori CD, 2001).

2.2.9 Tassi di partecipazione in calo e crescente disuguaglianza

Un'indagine del 1969 in Kenya ha contato circa 200.000 bambini iscritti in 4.800 centri con circa 5.000 insegnanti. Il numero di centri ECD è cresciuto costantemente e, dopo una stagnazione del 15% tra il 1993 e il 2000, il tasso di iscrizione è balzato del 50% nei tre anni successivi. Il GER attuale (2001/02) nella scuola dell'infanzia è ufficialmente del 35%, anche se le statistiche del governo sembrano mostrare un GER del 48% nel 1998, sceso al 41% nel 2002. Il GER è normalmente calcolato dividendo il numero di bambini di qualsiasi età iscritti alla scuola dell'infanzia per il numero stimato di bambini di 3+-3+ anni (UNESCO, 2005).

Il Background Report del Kenya (2002) mostra che le iscrizioni sono aumentate in modo sostenibile da 1.076.606 a 1.281.846 tra il 1998 e il 2002. Tra il 1998 e il 2002 si è registrato solo un leggero calo dei GER. Tuttavia, un'analisi più attenta dei dati suggerisce due tendenze preoccupanti. Innanzitutto, i GER nella scuola dell'infanzia sono chiaramente diminuiti dal 1998, passando dal 48% al 41%, e il calo complessivo maggiore si è verificato tra il 1998 e il 1999, prima dell'introduzione dell'opzione FPE. In secondo luogo, mentre il GER del 1998 era più o meno lo stesso per i bambini e le bambine, nel 2001 si è aperto un divario del 4% a favore dei bambini, che è cresciuto fino a diventare un divario del 4% a favore delle bambine.

6% nel 2002. Da quanto sopra, lo studio ha mostrato che l'iscrizione complessiva è ovviamente aumentata dal 1993, ma è stata accompagnata da un calo variabile dei tassi di partecipazione negli ultimi anni, prima dell'introduzione dell'FPE. Se questo precedente declino dei tassi di partecipazione è confermato, nello stesso periodo altri fattori devono aver influito sulle iscrizioni, come il calo del reddito pro capite.

Lo studio conclude quindi che, date le evidenti disuguaglianze geografiche, di genere e socio-economiche nell'accesso all'ECD, la politica governativa in materia di ECD dovrebbe tenere conto di queste preoccupanti realtà, in particolare dando priorità all'equità come obiettivo politico e concentrando le limitate risorse del governo sul miglioramento dell'accesso dei bambini svantaggiati ai servizi ECD di base.

2.2.10 Qualità dell'insegnamento e del curriculum

Quando i bambini iniziano la scuola primaria, spesso si riscontrano forti differenze nei programmi di studio. Mentre i programmi di studio della prima infanzia tendono a essere organizzati per ambiti di apprendimento (cognitivo, fisico, sociale e così via), le scuole primarie si concentrano spesso sulle materie (ad esempio lettura, matematica e scienze). Shaeffer (2006) ha riassunto così la sfida: "Per facilitare la transizione, formalizziamo l'informale... o de-formalizziamo ciò che di solito è considerato formaΓP".7 Purtroppo la prima sembra essere la tendenza. Alcuni Paesi hanno cercato di fornire una maggiore coerenza curricolare sviluppando un curriculum integrato per la scuola dell'infanzia e primaria, organizzato intorno ai cicli di sviluppo del bambino. Questo approccio è stato adottato nel progetto Pre-Primary to Primary Transitions in Giamaica e nel progetto Transition from Nursery School to Primary School in Guyana (UNESCO, 2006).

La Svezia ha sviluppato tre programmi di studio interconnessi basati su un insieme comune di obiettivi e valori per l'apprendimento dei bambini da 1 a 18 anni. Un rischio di questo allineamento dei curricoli della prima infanzia e della scuola è la "scolarizzazione" della cura e dell'educazione della prima infanzia. Un possibile vantaggio è che l'allineamento favorisce una sinergia di culture (Neumann, 2005).

Per sostenere la continuità pedagogica dei bambini nel passaggio da un contesto educativo all'altro, sono necessari ambienti di apprendimento che favoriscano interazioni positive tra insegnante e bambino. Sono necessarie classi più piccole. Ridurre il numero di bambini che frequentano la scuola prima di aver raggiunto l'età normale per l'ingresso a scuola potrebbe contribuire notevolmente a risolvere il problema del sovraffollamento delle classi in alcuni Paesi (Arnold et al., 2006). La presenza di bambini molto più grandi nelle classi di prima elementare può anche rendere difficile l'insegnamento. È importante che sia i programmi per la prima infanzia sia le scuole primarie si concentrino sulla continuità della pedagogia e dei metodi in tutto l'arco di età della prima infanzia - dall'infanzia agli 8 anni - se si vuole che questa continuità si basi su una "partnership forte e paritaria" piuttosto che sulla "scolarizzazione". In effetti, molte classi di grado 1 e 2 potrebbero trarre beneficio dai materiali didattici comunemente presenti nei centri per la prima infanzia, come ad esempio nel programma Releasing Confidence and Creativity in Pakistan. Bodh Shiksha Samiti in India e Escuela Nueva in Colombia coinvolgono classi di più gradi utilizzando programmi di studio, metodi e piani di lezione attivi che rispondono a capacità e interessi diversi (UNESCO, 2006).

In alcuni casi, un collegamento più stretto tra i programmi per la prima infanzia e le scuole può sfruttare i punti di forza di entrambi gli approcci pedagogici. Ad esempio, le scuole primarie possono diventare più incentrate sul bambino e i programmi per la prima infanzia possono concentrarsi maggiormente sulla promozione delle competenze di cui i bambini hanno bisogno per avere successo a scuola (OCSE, 2001). La pianificazione della continuità pedagogica va oltre la garanzia del coordinamento istituzionale e dei programmi di studio. Gli insegnanti e gli sviluppatori di programmi di studio devono tenere conto delle differenze all'interno di ogni gruppo di bambini, delle loro condizioni familiari, delle esperienze precedenti e delle capacità (Petriwskyj et al., 2005). Di conseguenza, gli insegnanti devono essere aiutati a comprendere e lavorare con i bambini come individui unici, il che è particolarmente difficile in molte parti del mondo dove le classi di prima elementare sono numerose.

È stato affermato che la scuola dell'infanzia e la scuola primaria sono fondate su filosofie, modelli organizzativi e pratiche pedagogiche diverse e il passaggio da una all'altra richiede un'attenzione particolare (Germeten, 1999; Larsen, 2000). Gli approcci che cercano di fondere le due tradizioni con una prima classe speciale nella scuola primaria, come avviene in Norvegia dal 1997, sono stati criticati sulla base del presupposto che la scuola superiore controllerà i processi pedagogici nella prima classe, il che non è auspicabile (Haug, 1995, 2005). Piuttosto, l'approccio pedagogico specifico della scuola materna dovrebbe essere applicato anche ai bambini di 6 anni. Per ottenere una transizione di successo per tutti i bambini piccoli, sono necessarie ulteriori ricerche sull'organizzazione, gli obiettivi e la pedagogia della scuola dell'infanzia e delle prime classi della scuola primaria. Allo stesso tempo, la natura olistica dell'apprendimento del bambino non deve essere una scusa per bandire l'apprendimento sequenziale o l'alfabetizzazione e il calcolo emergenti dal centro per la prima infanzia. I bambini piccoli hanno un profondo desiderio di comunicare e imitare. Il loro piacere nell'usare quelli che Reggio Emilia chiama "i cento linguaggi dei bambini "P22. (Edwards et al., 1993) deve essere alimentato e può essere incanalato verso la preparazione alla scuola, senza pressioni indebite per raggiungere un livello di conoscenza o di competenza prestabilito a una determinata età (Lpfö, 1998).

Un approccio politico di rilievo ha enfatizzato il ruolo dell'ECEC nel preparare i bambini alla scuola e alla sua cultura consolidata. Questo approccio si esprime in programmi per l'istruzione preprimaria che danno priorità all'adattamento e al rendimento scolastico dei bambini, in particolare per quanto riguarda l'alfabetizzazione e il calcolo. Questi sviluppi hanno creato pressioni sui programmi di educazione precoce e hanno portato alcuni a esprimere preoccupazione per la "scolarizzazione" dell'ECEC, ovvero la trasposizione nell'ECEC degli obiettivi e delle pratiche tradizionali della scuola dell'obbligo. Queste pressioni non provengono solo dal sistema scolastico. Gli obiettivi dei genitori per i bambini variano, ma la padronanza precoce dell'apprendimento scolastico è spesso una priorità elevata (Weikart, 1999).

In alcuni Paesi si è prestata attenzione a "portare avanti nella scuola primaria alcuni dei principali punti di forza pedagogici della pratica della prima infanzia, ad esempio l'attenzione al benessere dei bambini, l'apprendimento attivo ed esperienziale, la fiducia nelle strategie di apprendimento dei bambini, evitando la misurazione e la classificazione dei bambini" (Bennett, 2006). In Svezia, ad esempio, quando le scuole dell'infanzia sono state inserite nel sistema educativo nel 1996, l'allora primo ministro Göran Persson ha parlato dell'ECEC come "il primo passo verso la realizzazione di una visione di apprendimento permanente", aggiungendo che "la scuola dell'infanzia dovrebbe influenzare almeno i primi anni della scuola dell'obbligo "P10-11 (Korpi, 2005).

Se le scuole dell'infanzia e le scuole devono essere partner paritari in futuro, bisogna evitare che una tradizione prenda il sopravvento sull'altra. Piuttosto, i servizi per la prima infanzia e l'istruzione primaria devono lavorare insieme (e con i genitori e le comunità) per creare una visione nuova e condivisa del bambino, dell'apprendimento e della conoscenza, riconoscendo "... il bambino come un costruttore di cultura e conoscenza ... [che] è anche attivo nella costruzione - la creazione - di se stesso attraverso l'interazione con l'ambiente". 13 (Dahlberg e Lenz Taguchi, 1994). Questa relazione, in cui nessuna delle due culture prende il sopravvento sull'altra, prevede di riunirsi in un "luogo di incontro pedagogico" per creare e mettere in pratica una cultura comune. Ciò può costituire la base per "un partenariato forte e paritario" (OCSE, 2001, 2006) tra ECEC e scuola, garantendo una maggiore
continuità tra le prime esperienze educative dei bambini e favorire la preparazione alle transizioni. Il contributo istituzionale al successo della transizione presuppone contatti frequenti tra i servizi per la prima infanzia e la scuola, nel contesto di un partenariato forte e paritario. La realtà, tuttavia, è che i rapporti tra l'istruzione primaria e il settore della prima infanzia sono spesso unilaterali. Le scuole e i centri per la prima infanzia non interagiscono sufficientemente tra loro, spesso perché l'ECEC tende a essere considerato il partner più debole. Questa situazione deve cambiare e il ruolo educativo del settore della prima infanzia deve essere riconosciuto. Infatti, l'enfasi sulle strategie naturali di apprendimento del bambino dovrebbe essere rispettata e riflessa nelle prime classi della scuola primaria. La creazione di una classe speciale per i bambini l'anno prima dell'inizio della scuola dell'obbligo, che porta la pedagogia della prima infanzia, con i suoi approcci olistici e investigativi all'apprendimento, all'interno della scuola, dimostra l'importanza di tali accordi istituzionali.

Le scuole di altri Paesi assicurano la continuità dei processi educativi in un modo diverso, portando i processi educativi sequenziali e disciplinari della scuola primaria all'interno dell'istruzione precoce. Questo approccio presenta alcuni punti deboli. I bambini piccoli, inseriti in una situazione iperformalizzata e scolastica fin dai primi anni di vita, si vedono negare l'esperienza di un'adeguata pedagogia della prima infanzia, in cui possono seguire i propri percorsi di apprendimento e imparare l'autoregolazione al proprio ritmo. Le ricerche condotte in Francia, nel Regno Unito e negli Stati Uniti suggeriscono che, mentre i bambini provenienti da famiglie alfabetizzate e solidali possono trovarsi bene in classi con 20 o più bambini, non è necessariamente così per i bambini provenienti da ambienti a basso reddito e di seconda lingua (Barnett e Boocock, 1998; Barnett et al., 2004; National Institute of Child Health and Human Development (NICHD), 2000; Shonkoff e Philips, 2000; Blatchford et al., 2002; Piketty e Valdenaire, 2006). Per questi bambini sono necessarie classi più piccole e maggiore attenzione individuale. Ma questi rapporti e le qualifiche degli insegnanti sono fortemente osteggiati da molti governi in quanto inutili e troppo costosi.

Secondo l'UNESCO (2005), l'ECD in Kenya non fa parte del sistema educativo 8-4-4. Ciò isola gli insegnanti ECD dalle loro controparti primarie in termini di retribuzione e status. Ciò isola gli insegnanti di ECD dalle loro controparti primarie in termini di retribuzione e status. Di conseguenza, i primi si sentono inferiori ai secondi. Nei centri ECD di proprietà della comunità e in quelli annessi alle scuole primarie pubbliche, il comitato ECD decide quanto deve pagare ogni genitore, tenendo conto della

livelli di reddito dei genitori

Gli stipendi non sono quindi stabili e fluttuano ogni mese a seconda del livello di contribuzione dei genitori. Altri insegnanti sono pagati per andare a casa dei bambini e fornire loro assistenza. Il progetto della Banca Mondiale prevedeva un ampio programma di formazione continua, con un corso regolare di due anni e un nuovo corso breve di cinque settimane. Nel periodo del progetto (1996/97-2001/02) il rapporto alunni/insegnanti formati è sceso da 89 a 41, contribuendo notevolmente alla qualità dell'ECD.

L'UNESCO (2005) riferisce che i responsabili delle DICECE organizzano incontri, seminari e workshop per gli insegnanti di ECD come parte dello sviluppo professionale e del supporto continuo. Sembra che spetti alle DICECE stabilire come offrire tali strutture. Inoltre, gli argomenti trattati nei seminari e nei workshop sono determinati dalle DICECE sulla base dell'osservazione dei bisogni. Il curriculum ECD, secondo l'UNESCO (2005), si concentra su metodologie interattive. Tuttavia, per molti insegnanti è più facile tornare a insegnare gli alfabeti e i membri, soprattutto quando sono disponibili pochi materiali per l'espressione creativa o per lo sviluppo della motricità fine. Anche se i materiali di insegnamento/apprendimento sono disponibili, tendono a rimanere nelle scatole.

Lo sviluppo della prima infanzia in Kenya riguarda lo sviluppo olistico dei bambini tra 0 e 5 anni. L'ECD è sotto la responsabilità del MOEST. Secondo l'UNESCO (2005), l'attuale legge sull'istruzione e la formazione non include l'ECD. L'unico quadro politico che indirizza la fornitura di ECD da parte del MOEST è la politica di partenariato stipulata per la prima volta nel Sessional Paper No. 6 del 1988 e nel National Development Plan del 1988/1993. Va notato che l'assenza dell'ECD nell'attuale legge sull'istruzione e la formazione denota una mancanza di status legislativo, che ha influenzato l'attuazione di qualsiasi politica legale in materia di ECD. Questa mancanza di status legislativo ha portato anche alla mancanza di una terminologia universale per indicare l'ECD. Anche se la politica è stata introdotta nel 2006.

In Kenya, le istituzioni per la cura e l'educazione della prima infanzia (ECCE) sono conosciute con un'ampia gamma di termini, che includono asilo nido, scuola materna, asilo nido e scuola dell'infanzia. In questo rapporto, il termine scuola dell'infanzia si riferisce a tutte le istituzioni che servono bambini di età inferiore agli otto anni e sono state le prime ad essere avviate in Kenya negli anni '40, nelle aree urbane, per bambini europei e asiatici. Le prime scuole materne per bambini africani sono state avviate in località africane nelle aree urbane, nelle piantagioni di caffè, tè e zucchero. Più tardi, negli anni '50, durante la lotta per l'indipendenza dei Mau Mau, le scuole materne furono avviate nei villaggi di emergenza della Provincia Centrale. Questi centri fornivano assistenza ai bambini mentre le loro madri erano impegnate nei lavori forzati (Gakuru, 1987).

Dopo l'indipendenza, il programma di istruzione prescolare si è esteso notevolmente a tutto il Paese. Ciò è avvenuto in risposta all'intensificarsi dei cambiamenti socioeconomici e ad altre forze di sviluppo, nonché all'appello del defunto Presidente Kenyatta per "*Harambee*", cioè l'auto-aiuto, nella costruzione della nazione. Dall'indipendenza, il programma ha continuato a crescere in termini di iscrizioni, numero di insegnanti, scuole e sponsor. Nel 1986, ad esempio, 657.688 bambini erano iscritti in 12.186 scuole con 16.182 insegnanti. Nel 1991, questi numeri erano saliti a 908.966 bambini, 17.650 scuole e 24.809 insegnanti. Per quanto riguarda le iscrizioni, si tratta di una crescita significativa del 38,2%. La copertura, tuttavia, è rimasta relativamente bassa: solo il 30% circa dei bambini di età compresa tra i 3 e i 6 anni beneficia del servizio (Kabiru, 1993).

Una caratteristica notevole delle scuole dell'infanzia in Kenya è che servono l'intero spettro sociale, economico, culturale e geografico della società. In Kenya, i servizi offerti ai bambini prima del 1970 erano molto carenti. Ciò era dovuto principalmente alla mancanza di un adeguato intervento e coordinamento da parte del governo. Di conseguenza, il contenuto e la metodologia dei programmi di studio utilizzati nelle scuole dell'infanzia erano molto diversi e spesso inadatti ai bambini piccoli. Inoltre, non esistevano programmi di formazione adeguatamente organizzati per gli insegnanti, per cui la maggior parte di essi non era formata. Un'indagine condotta dal

Ministero delle Cooperative e dei Servizi Sociali nel 1971 ha rivelato che su 5.000 insegnanti solo 400 avevano ricevuto una formazione di base sugli aspetti dell'educazione prescolare (Njenga, 1992).

Gli insegnanti non formati non avevano conoscenze e competenze adeguate per fornire ai bambini esperienze di apprendimento ricche e stimolanti. Nelle loro aule non c'erano materiali per l'apprendimento e per il gioco, quindi utilizzavano metodi di insegnamento routinari e di conversazione. Inoltre, non esistevano programmi di studio organizzati o altri materiali di supporto da utilizzare nelle scuole materne. Di fronte a questo problema, gli insegnanti hanno utilizzato metodi di insegnamento formali equivalenti a quelli usati nelle scuole primarie con i bambini più grandi. Di fronte a questa realtà, il governo keniota, attraverso il Ministero dell'Istruzione (MOE) e con l'assistenza della Fondazione Bernard Van Leer, ha avviato nel 1971 un progetto di ricerca denominato Progetto di educazione prescolare con sede presso il Kenya Institute of Education (KIE).

L'obiettivo principale del progetto è stato quello di migliorare la qualità dell'istruzione prescolare attraverso lo sviluppo di modelli di formazione validi per il personale ECCE e di curriculum e altri materiali di supporto per l'uso da parte dei bambini, intervistati. In seguito alla maggiore consapevolezza dell'importanza dell'educazione prescolare, il MOE ha istituito una sezione prescolare presso il KIE. Questa sezione ha assunto tutte le responsabilità del progetto. Per tutto questo periodo, tuttavia, e fino al 1979, il Ministero della Cultura e dei Servizi Sociali era responsabile dell'educazione prescolare. Nel 1980, questa responsabilità è stata trasferita al MOE. In risposta a questa circolare, sono state create sezioni prescolari presso la sede centrale del MOE e presso il dipartimento di Garanzia della Qualità. La sede centrale supervisiona le questioni amministrative che includono il coordinamento di tutti i partner (sia locali che esterni), la registrazione delle scuole materne, il coordinamento delle sovvenzioni governative e dei fondi provenienti da donatori esterni e la fornitura di personale ECCE a tutti i livelli. È inoltre responsabile della formulazione delle linee guida per il programma ECCE.

Programma ECCE (MOE, Kenya. Statistiche annuali: 1992).
Nel 1985 sono stati istituiti i Centri distrettuali per l'educazione della prima infanzia (DICECE), bracci distrettuali del Centro nazionale per l'educazione della prima infanzia (NACECE), con l'obiettivo di decentrare la gestione del programma ECD a livello distrettuale. Le città di Nairobi, Mombasa e Kisumu hanno CICECE o MUCECE. I DICECE, i CICECE e i MUCECE sono responsabili dell'erogazione e del monitoraggio della formazione degli insegnanti di scuola dell'infanzia, dell'ispezione delle scuole dell'infanzia, dell'attuazione dei programmi di sensibilizzazione e mobilitazione della comunità dei genitori, della ricerca e del coordinamento

con altri partner. Questo è stato l'inizio del processo di decentramento della gestione delle scuole dell'infanzia (UNESCO, 2005).

Lo studio, tuttavia, desidera sottolineare che, nonostante questi primi sforzi verso il decentramento, la gestione complessiva e il coordinamento dei programmi ECD a livello nazionale sono di competenza di un comitato intersettoriale chiamato Project Management Support Group (PMSG). Il PMSG è presieduto dal vicedirettore senior dell'istruzione primaria del MOEST ed è composto da rappresentanti di alto livello del MOEST, della Commissione per il servizio degli insegnanti (TSC), del Ministero delle Finanze, del Ministero della Salute e dell'Università Kenyatta. Le sue funzioni principali sono quelle di formulare politiche e fornire al governo indicazioni sulle questioni relative all'ECD. Secondo lo studio della Banca Mondiale (2001), il governo, i genitori e le comunità e il settore privato sono le principali fonti di finanziamento e di sostegno all'ECD. La principale fonte di assistenza esterna negli ultimi anni è stato il progetto di prestito della Banca Mondiale per l'ECD del 1996/7 - 2003/2004, rivolto ai bambini svantaggiati di età compresa tra 0+ e 8 anni e ai loro genitori.

Il Piano strategico per il settore dell'istruzione e le Matrici di attuazione P2 (200307), documenti chiave per l'attuazione della politica educativa del Kenya, stabilisce i seguenti obiettivi per l'ECD:

(i)   Migliorare l'accesso e la partecipazione all'ECD, in particolare portando il GER (Gross Enrolment Ratio) al 70% entro il 2002.

(ii)   Migliorare la qualità dei servizi ECD a tutti i livelli entro il 2007.

(iii)   Implementare approcci alternativi complementari all'ECD (ad esempio, a domicilio e presso i datori di lavoro) entro il 2005.

(iv)   Migliorare la gestione e l'erogazione dei servizi ECD.

Gli obiettivi di cui sopra, va notato, sono allineati con quelli contenuti nel piano EFA del Paese (Education For all). Inoltre, questi obiettivi pongono le basi per la preparazione alla transizione dall'ECD all'istruzione primaria. Questa revisione della letteratura ci ha permesso di avere una panoramica dei quattro obiettivi specifici: i servizi della situazione, il curriculum ECDE, le pratiche attuali e i fattori ambientali esterni sulla preparazione dei bambini al passaggio dall'ECD alla scuola primaria. Questo ci ha permesso di formulare questionari, raccogliere dati, analizzarli e scrivere raccomandazioni.

2.3 Sintesi della revisione della letteratura
La letteratura precedente ha esaminato le questioni relative al passaggio dall'educazione allo sviluppo della prima infanzia alla scuola primaria in Kenya. Un crescente numero di analisi empiriche (discusse in precedenza) indica chiaramente la necessità di una gestione efficace della transizione dall'ECD alla scuola primaria in Kenya. Questo studio è quindi unico nel suo genere

perché ha identificato la necessità di pratiche di transizione e ha stabilito se alcuni bambini sono più a rischio di altri di vivere una transizione difficile. In questo capitolo sono stati esaminati anche la visione dell'ECD, l'impatto dell'istruzione primaria gratuita sull'ECDE, il calo dei tassi di partecipazione, la crescente disuguaglianza e la qualità dell'insegnamento e del curriculum. Il capitolo successivo tratta il disegno e la metodologia della ricerca.

CAPITOLO TRE
DISEGNO E METODOLOGIA DI RICERCA

3.1 Introduzione

La metodologia è la teoria e l'analisi di come la ricerca viene fatta e dovrebbe procedere. È il piano d'azione che modella la scelta e l'applicazione di particolari metodi e li collega ai risultati desiderati. Questo capitolo presenta il disegno della ricerca, l'area di studio, la popolazione target, le dimensioni del campione e le procedure di campionamento, gli strumenti di raccolta dei dati, la validità e l'affidabilità degli strumenti di ricerca, le procedure di raccolta e di analisi dei dati.

3.2 Design della ricerca

Un disegno di ricerca è una disposizione di base delle condizioni per la raccolta e l'analisi dei dati in un modo che mira a combinare la pertinenza allo scopo della ricerca con l'economia della procedura. Questo studio ha utilizzato un disegno di indagine descrittivo. La ricerca per sondaggio si occupa dell'incidenza, della distribuzione e delle interrelazioni delle variabili educative. Raccoglie dati in un particolare momento con l'intento di descrivere la natura delle condizioni esistenti, identificare gli standard rispetto ai quali le condizioni esistenti possono essere confrontate e determinare la relazione che esiste tra eventi specifici (Orodho, 2005).

È stato utilizzato un disegno di ricerca per sondaggio perché la popolazione studiata era troppo grande per essere osservata direttamente e ha permesso al ricercatore di utilizzare i questionari come metodo di raccolta dei dati. Il presente studio ha cercato di stabilire la preparazione dei bambini dall'ECD all'istruzione primaria nei centri ECD e nelle scuole primarie del distretto di Keiyo.

Il ricercatore ha inoltre esaminato i seguenti aspetti: I servizi ECD forniti ai bambini per facilitare la transizione, gli effetti del curriculum sulla preparazione dei bambini alla transizione dall'ECD alla scuola primaria e se le pratiche attuali affrontano la preparazione dei bambini alla transizione dall'ECD alla scuola primaria. Questi aspetti sono stati ben studiati grazie all'uso di un disegno di indagine descrittivo. L'indagine è stata quindi utile per l'economicità del prelievo di un campione della popolazione per generalizzare i risultati all'intera popolazione.

3.3 Area di studio

Questo studio è stato condotto nel distretto di Keiyo della provincia della Rift Valley. Il distretto confina a nord con il distretto di Marakwet, a est con Baringo, a sud con il distretto di Koibatek e a ovest con il distretto di Eldoret Est. (Una mappa dell'area di studio è riportata nell'Appendice I).

3.4 Popolazione dello studio

I destinatari di questo studio sono stati gli insegnanti di ECD e di scuola primaria (classe prima), i direttori delle scuole primarie, i responsabili degli standard di garanzia della qualità e i responsabili ECD del distretto di Keiyo. Il quadro di campionamento per la popolazione è mostrato nella Tabella 3.0.

Tabella 3.0 Popolazione target

	Categoria	Popolazione target
1	Insegnanti ECD	86
2	Insegnanti di scuola primaria (classe prima)	43
3	Formatori DICECE	8
4	QASO	1
5	Direttori didattici	43
	TOTALE	181

I presidi e gli insegnanti sono stati inclusi nello studio perché sono i divulgatori delle conoscenze, degli atteggiamenti e delle competenze coinvolte nel passaggio dall'ECD alla scuola primaria. Inoltre, determinano quando un bambino è idoneo per il passaggio da un livello all'altro. Gli insegnanti, inoltre, creano l'ambiente scolastico in cui il bambino impara. Sono stati inclusi i formatori del DICECE e i funzionari del QASO, poiché supervisionano l'attuazione delle politiche del Ministero dell'Istruzione nell'ambiente scolastico per quanto riguarda il passaggio dalla scuola dell'infanzia alla scuola primaria. Inoltre, preparano rapporti regolari sulle strutture fisiche, le risorse didattiche e le attrezzature necessarie per l'attuazione del passaggio dalla scuola dell'infanzia alla scuola primaria.

3.5 Dimensione del campione e procedura di campionamento

Il ricercatore ha stratificato le scuole in due: ECD/ primaria pubblica e ECD/ primaria privata. È stato utilizzato un campionamento casuale semplice per selezionare una scuola primaria privata da ogni divisione. Pertanto, un totale di 2 (30%) scuole primarie private e centri ECD privati sono stati inclusi in questo studio. Il campionamento casuale semplice è stato utilizzato per selezionare 13 (30%) scuole primarie del distretto. Sette scuole primarie sono state selezionate in modo casuale dalla divisione di Kamariny e 6 scuole primarie dalla divisione di Bugar, come mostrato nella Tabella 3.1. In totale, 13 scuole primarie (sia pubbliche che private) hanno partecipato a questo studio. Questa dimensione del campione rappresenta il 30% della popolazione target, in linea con Kerlinger (1983) che afferma che un campione del 30% è rappresentativo della popolazione da studiare.

Tutti i direttori delle 13 scuole selezionate hanno partecipato allo studio. Il ricercatore ha inoltre incluso in modo mirato 2 insegnanti di ECD da ciascuna delle scuole selezionate, perché li ha ritenuti utili per fornire informazioni sulla preparazione alla transizione; pertanto, 26 insegnanti di ECD sono stati inclusi nello studio.

Lo studio ha incluso in modo mirato tutti i direttori didattici e un insegnante di prima fascia delle scuole selezionate. Tre formatori DICECE della Divisione sono stati selezionati con un campionamento casuale semplice. Anche il QASO responsabile del distretto di Keiyo è stato incluso nello studio, perché è al corrente di ciò che accade nelle divisioni.

Pertanto, un totale di 56 intervistati ha partecipato a questo studio.

Tabella 3.1 Struttura e dimensione del campione in Bugar e Kamariny

Categoria di intervistati	Popolazione target	Dimensione del campione
Direttori didattici	43	13
Insegnanti ECD	86	26
Insegnanti di scuola primaria (classe prima)	43	13
Funzionari ECD	8	3
QASO responsabile delle divisioni	1	1
TOTALE	**181**	**56**

3.6 Strumenti di ricerca

Gli strumenti di ricerca utilizzati per la raccolta dei dati sono stati i questionari, il programma di interviste e il programma di osservazione.

3.6.1 Questionari

Si trattava di item a risposta chiusa e aperta. Gli item a risposta chiusa erano su scala Likert (1-5), dove 5 rappresentava Molto Alto, 4-Alto, 3-Moderato, 2-Basso e 1-Molto Basso. I questionari sono stati generati dal ricercatore e somministrati ai presidi, agli insegnanti ECD, agli insegnanti della scuola primaria (classe prima) e ai funzionari ECD. Il vantaggio del questionario è che genera una quantità considerevole di dati e consente al ricercatore di ottenere una copertura più ampia di dati descrittivi a un costo relativamente basso in termini di tempo, denaro e impegno. Trattandosi di uno strumento di ricerca standard, consente di uniformare il modo in cui vengono poste le domande e di fare confronti tra gli intervistati (Cohen & Manion, 1994).

Il limite dello strumento è che non consente una comunicazione faccia a faccia e bidirezionale con il ricercatore. Il ricercatore non è stato in grado di chiarire il significato delle risposte alle domande non comprese o comprese male. Per risolvere questo problema, il questionario è stato testato su un campione della popolazione target non inclusa nello studio, in modo da determinare il tempo necessario per la compilazione ed eventuali altri errori di comprensione.

3.6.2 Calendario delle interviste

È stato utilizzato un programma di interviste per ottenere risposte dal responsabile della garanzia degli standard di qualità di tutte le scuole del distretto di Keiyo. È stato utilizzato come strumento complementare al questionario. L'intervista faccia a faccia con il QASO è stata fatta per ottenere dati qualitativi e approfonditi, in quanto ha offerto l'opportunità di spiegare lo scopo dello studio.

3.6.3 Lista di controllo per l'osservazione

Il ricercatore, utilizzando una check list di osservazione, ha osservato i servizi situazionali dell'ECD, come i servizi igienici, le strutture fisiche, gli articoli del programma di alimentazione e la fornitura di acqua pulita. Il metodo di osservazione è stato utilizzato per accertare la disponibilità dei servizi situazionali nei centri ECDE.

3.7 Validità e affidabilità degli strumenti di ricerca
3.7.1 Validità

Secondo Mugenda e Mugenda (1999), la validità è l'accuratezza e la significatività delle inferenze che si basano sui risultati della ricerca, ossia il grado in cui i risultati ottenuti dall'analisi dei dati rappresentano effettivamente i fenomeni oggetto di studio. Pertanto, i questionari o i programmi di intervista si dicono validi quando misurano effettivamente i parametri previsti. La necessità di testare la validità di contenuto degli strumenti di ricerca è inevitabile. Questo serve ad accertare che gli item prodotti siano pertinenti agli obiettivi dello studio.

Per determinare la validità delle voci del questionario, i supervisori del dipartimento di Curriculum Instruction and Education Media (CIEM) dell'Università Moi le hanno esaminate; i suggerimenti e i consigli offerti sono stati utilizzati per modificare le voci della ricerca e renderle più adattabili allo studio.

3.7.2 Affidabilità

L'affidabilità si riferisce alla coerenza di una misura di ricerca o al grado in cui il questionario, in quanto strumento di misurazione, misura allo stesso modo ogni volta che viene utilizzato nelle stesse condizioni con gli stessi soggetti. Una misura è considerata affidabile se i risultati di una ricerca sullo stesso test somministrato due volte sono simili. L'affidabilità dei dati assicura che la ricerca garantisca la precisione con cui i dati vengono raccolti. Se si ottengono sempre gli stessi risultati, indipendentemente dal numero di volte in cui si conduce una ricerca, ciò suggerisce che i dati raccolti sono affidabili (Mugenda & Mugenda, 1999).

Per garantire l'affidabilità del questionario utilizzato in questo studio, è stato condotto uno studio pilota in due (2) scuole primarie diverse da quelle che hanno costituito il campione. La sperimentazione è stata effettuata nel vicino distretto di Eldoret Est. Quest'area è stata utilizzata per il pilotaggio perché i due distretti condividono molti aspetti, come le caratteristiche delle scuole e i bacini di utenza. Ad esempio, le scuole condividono i bambini dei due bacini di utenza e la topografia e le attività economiche dei due distretti sono le stesse.

Gli strumenti di ricerca sono stati somministrati allo stesso gruppo pilota due volte a distanza di tempo. Il coefficiente alfa di Cronbach è stato calcolato e ha prodotto una correlazione di 0,6, considerata sufficientemente alta per testare l'affidabilità (orodho 2009).

3.8 Variabili di ricerca

L'educazione ECD era la variabile indipendente, mentre l'educazione primaria era la variabile dipendente. La variabile indipendente, cioè l'educazione ECD, è stata manipolata in vari modi in linea con gli obiettivi dello studio per determinare il suo effetto sull'educazione primaria, che è la variabile dipendente.

La relazione tra le variabili indipendenti e dipendenti è stata sottoposta all'esistenza di variabili di intervento che sono state collegate alla transizione dall'educazione ECD all'educazione primaria. La relazione tra la variabile indipendente e la variabile dipendente può veramente manifestarsi se le variabili intervenienti sono controllate nell'ambiente in cui avviene la transizione, cioè l'ambiente di apprendimento. La relazione può essere schematizzata come nella seguente figura 3.1:- Variabile indipendente Variabile dipendente

E.C.D. Education		Primary School Education
(i) Language activities		(i) Mathematics
(ii) Mathematics activities		(ii) English
(iii) Physical outdoor/ indoor activities	Transition	(iii) Kiswahili
(iv) Science activities		(iv) Science
(v) Creative activities		(v) Social studies/CRE/PPI
		(vi) Physical Education
		(vii) Life skills

Intervening variable

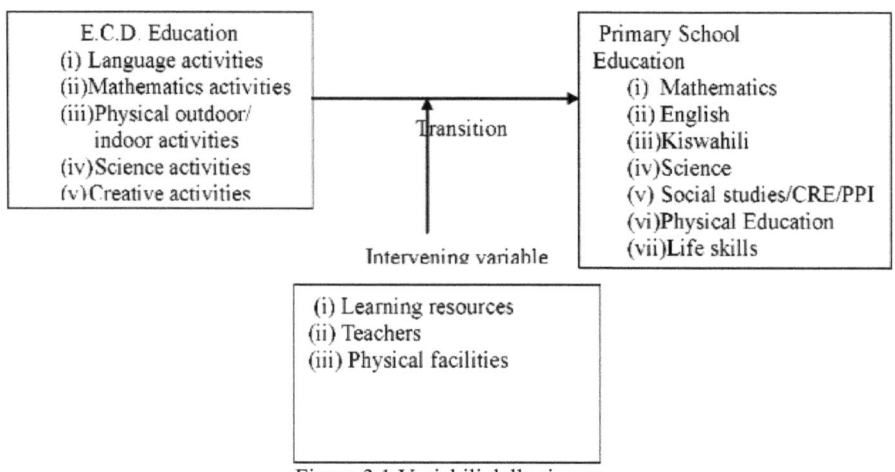

(i) Learning resources
(ii) Teachers
(iii) Physical facilities

Figura 3.1 Variabili della ricerca

3.9 Analisi e presentazione dei dati

I dati raccolti ai fini dello studio sono stati adottati e codificati per verificarne la completezza e l'accuratezza. L'osservazione delle domande a risposta chiusa è stata tabulata e analizzata. Per le domande a risposta aperta sono state preparate tabelle di frequenza, in modo da dare un significato ai dati. Il metodo di presentazione dei dati ha incluso l'uso di tabelle di frequenza, modalità e percentuali.

3.10 Procedura di raccolta dei dati

Prima di raccogliere i dati, il ricercatore ha richiesto una lettera introduttiva del Decano della Scuola di Educazione dell'Università Moi indirizzata al Segretario Permanente del Ministero dell'Istruzione Superiore, della Scienza e della Tecnologia. Successivamente, il Segretario permanente del Ministero dell'Istruzione superiore, della Scienza e della Tecnologia ha rilasciato un permesso e una lettera di autorizzazione a svolgere la ricerca. Il ricercatore ha quindi provveduto a informare il Commissario distrettuale e i responsabili dell'istruzione distrettuale (Keiyo) in merito alla ricerca prevista. Il ricercatore ha raccolto le loro lettere di autorizzazione. Successivamente, il ricercatore è andato a raccogliere i dati utilizzando questionari, schede di intervista e liste di controllo per l'osservazione.

3.11 Considerazioni etiche
Il ricercatore ha spiegato agli intervistati la natura e lo scopo della ricerca. Il ricercatore ha riconosciuto il diritto degli individui a salvaguardare la loro integrità personale. Ai partecipanti è stato garantito l'anonimato, la riservatezza e la possibilità di ritirarsi dallo studio in qualsiasi momento, se lo desiderano. Sul questionario non sono stati riportati nomi o numeri di identificazione delle persone, ad eccezione della numerazione del questionario, che serviva per identificare i dati durante la loro elaborazione.

3.12 Sintesi
Questo capitolo si è concentrato sulla metodologia di ricerca utilizzata dal ricercatore per raccogliere i dati per lo studio, ha discusso il disegno di ricerca, le tecniche di raccolta dei dati, la dimensione del campione e il metodo di campionamento e il processo di analisi dei dati. Il capitolo successivo si concentra sull'analisi e sulla presentazione dei dati.

CAPITOLO QUARTO
PRESENTAZIONE DEI DATI, ANALISI, DISCUSSIONE E INTERPRETAZIONE

4.1 Introduzione

Questo capitolo presenta i risultati dello studio attuale. Il ricercatore ha applicato un disegno di ricerca per sondaggio e ha cercato di indagare la preparazione dei bambini al passaggio dall'ECD alla scuola primaria. Il capitolo analizza i dati raccolti da direttori didattici, insegnanti di ECD, insegnanti di scuola primaria (classe prima), funzionari ECD e il QASO responsabile delle divisioni utilizzando tabelle di frequenza e percentuali. Un totale di 56 intervistati ha partecipato a questo studio. Il QASO responsabile del distretto è stato intervistato verbalmente, mentre agli altri intervistati è stato consegnato un questionario da compilare. I dati estratti dai questionari sono stati analizzati utilizzando statistiche descrittive come frequenze e percentuali, mentre i dati dell'intervista sono stati riassunti e riportati direttamente. La scala Likert è stata suddivisa in tre: adeguata, inadeguata e non disponibile, e negli altri casi fortemente d'accordo, indeciso e in disaccordo. Gli obiettivi dello studio erano:

(i) Stabilire i servizi ECD forniti ai bambini per facilitare il passaggio dall'ECD alla scuola primaria.

(ii) Esaminare gli effetti della scuola primaria e del curriculum ECDE su
preparazione dei bambini al passaggio dalla scuola dell'infanzia alla scuola primaria.

(iii) Esaminare se le pratiche attuali affrontano la preparazione di
bambini per il passaggio dalla scuola dell'infanzia alla scuola primaria.

(iv) Esaminare i fattori ambientali esterni che influenzano il passaggio dalla scuola dell'infanzia alla scuola primaria.

La presentazione e le analisi che seguono sono state guidate dagli obiettivi dello studio.

4.2 Informazioni di base su tutti gli intervistati

Le informazioni di base degli intervistati sono state utili in quanto danno allo studio una visione delle informazioni attese.

4.2.1 Intervistati

Gli intervistati di questo studio appartenevano a diverse categorie. Gli intervistati comprendevano direttori didattici, insegnanti ECD, funzionari ECD, insegnanti di primo livello e QASO distrettuali. Questi intervistati sono stati considerati in possesso di informazioni rilevanti per lo studio. In totale sono stati coinvolti nello studio 56 intervistati. La tabella 4.1 riassume il tipo di intervistati coinvolti. Gli insegnanti ECD rappresentavano il 47% degli intervistati, i direttori didattici il 23%, gli insegnanti Standard One il 23%, i formatori DICECE il 5% e il QASO distrettuale il 2%.

4.2.2 Tipo di scuola
Il tipo di scuole studiate comprendeva sia scuole private che pubbliche, come riassunto nella Tabella 4.1. In questo studio, l'84,6% delle scuole è costituito da scuole pubbliche, mentre il 15,4% da scuole private. Ciò dimostra che la maggior parte delle scuole è pubblica, mentre alcune sono private.

4.2.3 Genere degli intervistati
È stato riscontrato che una serie di interventi contribuisce a migliorare il mantenimento e la frequenza. Per le bambine, la disponibilità di insegnanti donne è utile, soprattutto se queste insegnanti donne condividono anche lo status di gruppi sottorappresentati (Mingat & Jaramillo, 2003).I risultati sul genere degli intervistati sono presentati nella Tabella 4.1 Gli insegnanti donne nei centri ECD e nelle scuole primarie erano il 63,6%, mentre le controparti maschili erano il 36,4%. Pertanto, la disparità di genere era evidente.

4.2.4 Età degli intervistati
Gli intervistati avevano età diverse, come riassunto nella Tabella 4.1 La maggior parte di loro (41,8%) aveva un'età compresa tra i 31 e i 35 anni, quelli di età superiore ai 35 anni erano il 32,7%, mentre quelli di età compresa tra i 26 e i 30 anni erano il 14,5% e la fascia di età più bassa era quella dei 21-25 anni (10,9%).

4.2.5 Qualifica professionale di tutti gli intervistati
Una ricerca condotta in India e in Brasile ha rilevato che il livello di istruzione degli insegnanti è un fattore predittivo significativo dei risultati degli studenti, anche nelle prime classi (Rangachar & Varghese, 1993). Data l'istruzione minima di molti insegnanti dei primi anni di scuola nei Paesi a basso reddito, una buona formazione e sviluppo professionale supplementare è fondamentale e può essere estremamente efficace. Tuttavia, troppo spesso la formazione riflette le stesse pratiche routinarie che si svolgono in classe, con pochi tentativi di assicurare la comprensione o di fornire esperienza pratica (Tolhurst, 2007). La maggior parte degli insegnanti (50,9%) era in possesso di un certificato, i diplomati erano il 38,2%, mentre gli insegnanti con laurea triennale erano il 9,1% e l'1,8% aveva conseguito un master.

4.2.6 Esperienza di insegnamento di tutti gli intervistati
Gli insegnanti esperti sembrano apprendere meglio i nuovi metodi quando sono chiaramente strutturati, sostenuti e accompagnati dalla comunità (Li, 2004)).L'esperienza di insegnamento è variata in modo significativo nel corso dello studio, come riassunto nella Tabella 4.6. La maggior parte degli intervistati (65,5%) aveva più di 10 anni di esperienza nell'insegnamento, mentre quelli con 1-5 anni erano il 16,4%; gli insegnanti con 5-9 anni di esperienza erano il 12,7% e la

minor parte aveva meno di un anno di esperienza (5,5%).

Tabella 4.1 Informazioni di base di tutti gli intervistati

Responsabilità		
Categorie	Frequenza	Percentuale (%)
Direttori didattici	13	23
Insegnanti ECD	26	47
Formatori ECD	3	5
Insegnanti della prima classe	13	23
Distretto QASO	1	2
Totale	56	100.0
Tipo di scuola		
Categoria	Frequenza	Percentuale (%)
Pubblico	11	84.6
Privato	2	15.4
Totale	13	100.0
Il sesso		
Categoria	Frequenza	Percentuale (%)
Uomo	20	36.4
Donna	36	63.6
Totale	56	100.0
Età		
Categoria	Frequenza	Percentuale (%)
21-25 anni	6	10.9
26-30 anni	8	14.5
31-35 anni	23	41.8
> 35 anni	19	33.9
Totale	56	100.0
Livello di istruzione		
Categoria	Frequenza	Percentuale (%)
Certificato	29	51.7
Diploma	21	38.2
Laurea triennale	5	9.1
Maestri	1	1.8
Totale	56	100.0
Esperienza		
Categoria	Frequenza	Percentuale (%)
< 1 anno	3	5.5
1-5 anni	9	16.4
5-9 anni	7	12.7
>10 anni	37	66.1
Totale	56	100.0

4.3 Servizi situazionali

I servizi situazionali sono tutti i benefici, compresi i servizi igienici, l'acqua potabile, la salute, il monitoraggio della crescita, la nutrizione e l'istruzione, forniti nei centri ECDE per facilitare il passaggio dall'ECD alla scuola primaria. Numerosi dati provenienti da Paesi ad alto reddito sugli ambienti scolastici evidenziano relazioni strette come l'effetto del rumore sulla comprensione della lettura (Clark, Martin, van Kempen & Alfred, 2006). Fattori come la ventilazione, la luce, il calore, i livelli di rumore e il comfort nelle aule hanno un effetto sulla capacità dei bambini di prestare attenzione ovunque si trovino (Ahmed, 2004).

Questo studio ha cercato di stabilire i servizi situazionali forniti nelle scuole che sono orientati a migliorare il passaggio dall'ECD alla scuola primaria. I risultati dello studio sono mostrati nella Tabella 4.2. L'85,4% degli intervistati ha giudicato i servizi igienici nei centri ECD adeguati, il 12,7% inadeguati, mentre l'1,8% ha dichiarato che i servizi igienici non esistono. Il 70,9% degli intervistati ha giudicato adeguata la fornitura di acqua potabile nei centri ECD, il 32,4% ha indicato che era inadeguata e il 3,6% ha riferito che il servizio non esisteva. Il 29,1% degli intervistati ha giudicato adeguata la fornitura di servizi sanitari nei centri ECD, il 47,3% l'ha giudicata inadeguata e il 23,6% ha riferito che il servizio non viene fornito. Il 27,3% degli intervistati ha giudicato adeguato il servizio di monitoraggio della crescita nei centri ECD, il 41,8% inadeguato, mentre il 30,9% ha dichiarato che il monitoraggio non esiste affatto. Il 32,7% degli intervistati ha giudicato il servizio di nutrizione nei centri ECD adeguato, il 34,5% inadeguato, mentre il 32,7% ha dichiarato che non esiste. Il 90% degli intervistati ha giudicato adeguata l'istruzione nei centri ECD, mentre il 9,1% l'ha giudicata inadeguata.

Da questo dato emerge che l'istruzione (risorse per l'insegnamento/apprendimento), i servizi igienici e l'acqua potabile sono adeguati. Lo dimostrano rispettivamente il 90,9%, l'85,4% e il 70,9% degli intervistati che hanno indicato che questi servizi sono adeguati. Oltre il 66% degli intervistati ha indicato che i servizi per la salute, il monitoraggio della crescita e la nutrizione sono inadeguati. Si interpreta che i centri ECD e le scuole primarie abbiano cercato di fornire risorse didattiche, buone condizioni igieniche e acque pulite. Tuttavia, dovrebbero garantire servizi adeguati di monitoraggio della crescita e di nutrizione nelle loro scuole.

Tabella 4.2 Servizi situazionali nell'ECD

Servizi situazionali	Adeguato		Inadeguato		Nessun servizio	
	Freq.	%	Freq.	%	Freq	%
Mezzi igienici e modalità di smaltimento dei rifiuti, corretto drenaggio)	47	85.4	7	12.7	1	1.8
Acqua pulita	39	70.9	14	25.4	2	3.6
Salute (strutture mediche per il primo soccorso)	16	29.1	26	47.3	13	23.6
Monitoraggio della crescita	15	27.3	23	44.8	17	30.9
Nutrizione (fornitura di una dieta equilibrata)	18	32.7	19	34.5	18	32.7
Educazione (risorse per l'insegnamento/apprendimento)	50	90.9	5	9.1	0	0

L'ambiente fisico ha effetti misurabili sullo sviluppo cognitivo, sociale ed emotivo, sia attraverso i suoi effetti diretti su fattori quali l'attenzione, il comportamento, la stimolazione, l'esplorazione, il comfort, sia indirettamente attraverso il suo effetto sulle interazioni sociali (Evans, 2006). L'adeguatezza dei materiali di gioco all'aperto e al chiuso è stata valutata in modo diverso dagli intervistati, come riassunto nella Tabella 4.3. I materiali per le palle sono stati valutati dal 79,2% come adeguati, dal 7,7% come inadeguati e dal 23,1% come non forniti dalle scuole. Le altalene e gli equilibri sono stati valutati adeguati dal 23,1% e non forniti dal 23,1% delle scuole. 76,9% non disponibile nelle scuole. Il materiale ludico per gli scivoli non era disponibile in tutte le scuole. La disponibilità di campi da gioco era adeguata al 100%. Il materiale ludico in gomma era adeguato per il 65,1%, inadeguato per il 7,7% e non disponibile per il 30,8%. Se ne deduce che gli scivoli non erano disponibili in tutte le scuole; la comunità dovrebbe essere incoraggiata a fornire scivoli, pneumatici, altalene e bilance perché sono molto importanti nelle scuole ECD per lo sviluppo olistico del bambino.

L'uso dei sacchi di fagioli è stato adeguato nel 76,9% dei casi, mentre il 23,1% delle scuole non li ha forniti. L'uso di bambole è stato giudicato adeguato dal 38,5% e non disponibile dal 61,5%. L'uso di giocattoli è stato giudicato adeguato dal 38,5%, inadeguato dal 7,7% e non disponibile dal 53,8%. La disponibilità di acqua e pasta d'argilla è stata valutata dal 61,6% adeguata, dal 7,7% inadeguata e dal 30,8% non disponibile. La disponibilità di blocchi da gioco è stata del 69,2% adeguata, del 7,7% inadeguata e del 23,1% non disponibile. Questo dato indica che la maggior parte delle scuole disponeva di materiali moderati, tra cui sacchi di fagioli, bambole, giocattoli, acqua, pasta di argilla e blocchi, che dovrebbero essere forniti adeguatamente dalla comunità. Per esempio, la disponibilità di acqua in classe è importante per far capire ai bambini che l'acqua galleggia, si scioglie, assorbe, che alcune cose cambiano colore, che scendono, che contengono particelle, che non hanno forma e che, infine, possono essere misurate.

Tabella 4.3 Materiali ludici all'aperto e al chiuso nell'ECD

Materiale ludico	Adeguato Freq	Adeguato Percentuale	Inadeguato Freq.	Inadeguato Percentuale	Nessun servizio Freq.	Nessun servizio Percentuale
Palline	9	69.2	1	7.7	3	23.1
Altalene ed equilibri	3	23.1	0	0	10	76.9
Diapositive	0	0	0	0	13	100
Campo da gioco	13	100	0	0	0	0
Pneumatici	8	61.5	1	7.7	4	30.8
Borse a sacco	10	76.9	0	0	3	23.1
Bambole	5	38.5	0	0	8	61.5
Giocattoli	5	38.8	1	7.7	7	53.8
Giocare con l'acqua	8	61.6	1	7.7	4	30.8
Impasto di argilla	8	61.6	1	7.7	4	30.8
Blocchi	9	79.2	1	7.7	3	23.1

Un'area che ha ricevuto una notevole attenzione è il ruolo svolto da servizi igienici adeguati nell'attrarre e trattenere le ragazze. In Bangladesh, la presenza di una toilette separata per le ragazze è stata anche un significativo fattore predittivo di punteggi più elevati nei test (Ahmed,

2004).

Il ricercatore ha effettuato un'osservazione della situazione dei servizi nelle scuole campione. Durante lo studio, i servizi igienici sono risultati adeguati. Questi differiscono da una scuola all'altra, come riassunto nella Tabella 4.4. La Tabella mostra l'adeguatezza dei servizi igienici nelle scuole del campione. Il 46,2% delle scuole campione disponeva di servizi igienici per bambini e bambine in comune con le scuole elementari e di 1 e 2 servizi igienici. Il minor numero di scuole (7,7%) aveva tra i 3 e i 4 servizi igienici. Confrontando la popolazione degli alunni e il numero di servizi igienici disponibili, si può dedurre che erano inadeguati. Le scuole dovrebbero garantire la presenza di un numero sufficiente di servizi igienici nelle scuole per alleviare la congestione e promuovere i servizi igienici.

Tabella 4.4 Adeguatezza dei servizi igienici sia in ambito ECD che primario

Numero di servizi igienici	Servizi igienici per ragazzi			Servizi igienici femminili		
	Freq	%	Numero di ragazzi per scuola	Freq	%	Numero di ragazze per scuola
1-2 bagni	6	46.2	35	6	46.2	35
3-4 bagni	1	7.7	40	1	7.7	30
4-5*	6	46.2	420	6	46.2	470
Totale	13	100.0		13	100.0	

*utilizzato da tutta la scuola (350 ragazzi)

Anche altri autori hanno sottolineato l'impatto della progettazione della scuola sulle interazioni sociali (Moore, Gary & Jeffrey, 1993). I sistemi di drenaggio nelle scuole ECD sono stati diversi nel corso dello studio, come riassunto nella Tabella 4.5. La maggior parte delle scuole (69,2%) non aveva sistemi di drenaggio, mentre solo il 30,8% ne aveva. Le scuole con trincee (38,5%), terreni rialzati (38,5%) e discariche (38,5%). Questo dato indica che la maggior parte delle scuole campione aveva un sistema di drenaggio inadeguato, discariche, terreni rialzati e trincee.

Tabella 4.5 Sistema di drenaggio

Drenaggio	Disponibile		Non disponibile	
	Frequenza	Percentuale %	Frequenza	Percentuale %
Trincee	5	38.5	8	61.5
Acqua	2	15.4	11	84.6
Terreno rialzato	5	38.5	8	61.5
Fognature	3	23.1	10	76.9
Sito di scarico	5	38.5	8	61.5
Nessun drenaggio	9	69.2	4	30.8

Le principali fonti d'acqua sono riassunte nella Tabella 4.6. La principale fonte d'acqua è stata l'acqua del rubinetto (61,5%), l'acqua di pozzo e quella di fiume sono state il 23,1% ciascuna, mentre l'acqua piovana e l'acqua di casa sono state le fonti meno disponibili (15,4%). Ciò indica che la maggior parte delle scuole dispone di acqua pulita, ma non viene utilizzata correttamente a causa della mancanza di un serbatoio per il lavaggio delle mani. Le scuole non dovrebbero dipendere solo dall'acqua del rubinetto. Dovrebbero fornire fonti alternative perché l'acqua è vita.

Tabella 4.6 Fonti d'acqua

Fonte	Disponibile Frequenza	Percentuale %	Non disponibile Frequenza	Percentuale %
Fiume	3	23.1	10	76.9
Rubinetto	8	61.5	5	38.5
Foro di perforazione	3	23.1	10	76.9
Pioggia	2	15.4	11	84.6
Da casa	2	15.4	11	84.6

Le forme di documentazione disponibili nella maggior parte delle scuole erano significativamente diverse, come mostrato nella Tabella 4.7 Le cartelle cliniche nella maggior parte delle scuole erano disponibili per l'84,6%; i registri del peso erano disponibili per il 7,1% e i registri NACECE per il 92,3%. I registri erano disponibili al 100% in tutte le scuole studiate. Questo dato indica che la maggior parte dei registri sono tenuti dalle scuole per consentire a genitori e insegnanti di monitorare lo stato di salute degli alunni. Le scuole dovrebbero assicurarsi che ci siano altri registri di backup per migliorare il recupero delle informazioni in caso di perdita.

Tabella 4.7 Registri conservati

Record	Disponibile Frequenza	Percentuale %	Non disponibile Frequenza	Percentuale %
Fascicoli sanitari	11	84.6	2	15.4
Record di peso	1	7.7	12	92.3
NACECE	12	92.3	1	7.7
Registro	13	100.0	0	0

I servizi di cucina nelle scuole ECD sono riassunti nella Tabella 4.8. I servizi di cucina erano disponibili per il 53,8% nelle scuole ECD. I servizi di utensili e combustibili erano disponibili per il 46,2%. I dati indicano che i prodotti alimentari disponibili erano il 38,5%. Da quanto emerso, il programma di alimentazione è inadeguato nella maggior parte delle scuole ECD e dovrebbe essere incoraggiato per attirare e sostenere i bambini nelle aree aride e semiaride, soprattutto nelle zone più basse del distretto come Rimoi, per facilitare lo sviluppo olistico.

Tabella 4.8 Servizi di cucina nelle scuole ECDE

Servizi in ECDE scuola	Disponibile Frequenza	Percentuale (%)	Non disponibile Frequenza	Percentuale (%)
Cucina	7	53.8	6	46.2
Utensili	6	46.2	7	53.8
Combustibili	6	46.2	7	53.8
Prodotti alimentari	5	38.5	8	61.5
Nessun servizio	7	53.8	6	46.2

4.3.1 Sfide affrontate dagli insegnanti di ECD nell'erogazione dei servizi

Fuller e colleghi sottolineano l'effetto indiretto che la qualità delle strutture scolastiche può avere, ad esempio, nell'incoraggiare i genitori a mandare i bambini a scuola e a mantenerli, e nell'attrarre insegnanti di qualità superiore (Fuller et al, 1999). Agli intervistati è stata chiesta la loro opinione sulle sfide affrontate dagli insegnanti di ECD nella fornitura dei servizi sopra descritti.

Le risposte sono riassunte nella Tabella 4.9. Il 43,6% degli intervistati ha indicato come sfida il basso stipendio degli insegnanti, l'indisponibilità di materiali didattici e di apprendimento (82,2%), le scarse iscrizioni (32,7%), la mancanza di strutture fisiche e di gioco (34,5%), la scarsa collaborazione delle parti interessate (43,6%), il basso pagamento delle tasse da parte dei genitori (36,4%), la mancanza di finanze (72,7%), l'alimentazione (52,7%), il cattivo ambiente di apprendimento (36,6%).6%), scarso pagamento delle tasse da parte dei genitori (36,4%), mancanza di fondi (72,7%), nutrizione (52,7%), cattivo ambiente di apprendimento (36,4%), povertà che porta all'assenteismo (41,8%), ignoranza (40%), mancanza di motivazione (58,2%), razionamento dell'acqua (30,9%) e infrastrutture scadenti (38,2%). Nella maggior parte delle scuole non c'era disponibilità di materiale didattico e di apprendimento. L'indisponibilità e la mancanza di fondi nei centri ECD si ripercuotono sull'insegnante e sull'allievo. Queste altre aree derivavano dalla mancanza di fondi che influiva anche sull'apprendimento.

Tabella 4.9 Sfide affrontate dagli insegnanti di ECD nell'erogazione dei corsi. Servizi

Sfide affrontate dagli insegnanti ECD	Frequenza	Percentuale (%)
Basso stipendio degli insegnanti	24	43.6
Indisponibilità di materiale didattico e di apprendimento	45	82.0
Bassa popolazione di studenti (scarse iscrizioni)	18	32.7
Mancanza di strutture fisiche e di gioco	19	34.5
Scarsa collaborazione da parte delle parti interessate	24	43.6
Saltare le fasi dell'ECDE	20	36.4
Mancanza di risorse finanziarie	40	72.7
Nutrizione (fornitura di una dieta adeguata ed equilibrata)	29	52.7
Ambiente di apprendimento inadeguato	20	36.4
Povertà che portano all'assenteismo	23	41.8
L'ignoranza	22	40.0
Mancanza di motivazione	32	58.2
Razionamento dell'acqua	17	30.9
Le scarse infrastrutture ostacolano l'insegnamento	21	38.2
	55	100

La risposta del QASO divisionale concorda con i risultati della tabella 4.9 sulle sfide affrontate dagli insegnanti ECD nella fornitura di servizi nei centri ECDE. Ha spiegato che l'iscrizione tardiva dei bambini all'ECD rappresenta una sfida, poiché alcuni studenti sono troppo anziani e non si adattano alle classi ECD. Ha anche detto che la povertà dilagante all'interno della comunità ha portato a una bassa frequenza delle lezioni, facendo sì che i bambini non acquisissero i concetti insegnati nell'ECDE.

4.3.2 Suggerimenti sul tipo di preparazione da effettuare

Agli intervistati è stato chiesto il loro parere sui preparativi che le scuole primarie dovrebbero fare per i servizi in situazione. La tabella 4.10 riassume questi preparativi: Collegamento adeguato incorporato per garantire una transizione senza intoppi (81,8%), le attività di apprendimento dovrebbero essere correlate (49,1%), l'uso di abilità comunicative e ausili visivi per l'apprendimento (50,9%), un'adeguata interazione tra ECD e primaria (80%), gli intervistati creano un ambiente di apprendimento amichevole nelle scuole (47,3%), classi dotate di materiale didattico e di apprendimento (60%) e programma di alimentazione scolastica (60%).La percentuale più alta di intervistati ha indicato che gli insegnanti dovrebbero incoraggiare un'adeguata interazione tra l'ECD e la scuola primaria (80%) e incoraggiare il programma di alimentazione scolastica per consentire la sostenibilità dell'ECDE (81,8%). Se le scuole riusciranno a mettere in pratica questi suggerimenti, potranno risolvere le loro sfide.

Tabella 4.10 Preparazione da parte dell'insegnante di standard uno

Preparazione	Frequenza	Percentuale (%)
Collegamento adeguato incorporato per garantire una transizione senza problemi	45	81.8
Le attività di apprendimento devono essere collegate	27	49.1
Uso di abilità comunicative e di supporti visivi per l'apprendimento.	28	50.9
Adeguata interazione tra ECD e scuola primaria	44	80.0
Gli intervistati creano un ambiente di apprendimento amichevole	26	47.3
Classe ben attrezzata con materiale didattico e di apprendimento	33	60.0
Programma di alimentazione scolastica	45	81.8
	N=55	100

4.4 Effetto del curriculum sulla preparazione dei bambini

I bambini spesso sperimentano forti differenze nel programma di studi quando iniziano la scuola primaria. Mentre i programmi di studio della prima infanzia tendono a essere organizzati per ambiti di apprendimento (cognitivo, fisico, sociale, ecc.), le scuole primarie si concentrano spesso sulle materie (ad esempio lettura, matematica, scienze). Shaeffer (2006) ha riassunto così la sfida: Per facilitare la transizione, formalizziamo l'informale... o de-formalizziamo ciò che di solito è considerato formale? Purtroppo la prima sembra essere la tendenza. Alcuni Paesi hanno cercato di fornire una maggiore coerenza curricolare sviluppando un curriculum integrato per la scuola dell'infanzia e primaria, organizzato intorno ai cicli di sviluppo del bambino. Questo approccio è stato adottato nel progetto Pre-Primary to Primary Transitions in Giamaica e nel progetto Transition from Nursery School to Primary School in Guyana (UNESCO, 2006).

Il secondo obiettivo di questo studio è stato quello di stabilire l'effetto del curriculum sulla preparazione dei bambini al passaggio dall'ECD alla scuola primaria. I risultati sono riassunti nella tabella 4.11. La maggior parte degli intervistati (76,4%) ha dichiarato che i contenuti dell'ECD sono più ristretti e relativi alla crescita mentale del bambino per una facile preparazione alla transizione, il 21,8% è di parere contrario mentre l'1,8% è indeciso. L'81,9% degli intervistati ha indicato che i contenuti primari sono sovraccarichi e non danno abbastanza pratica per la coordinazione occhio-mano, rallentando il processo di preparazione, il 14,5% non è d'accordo sul fatto che i contenuti primari siano sovraccarichi, mentre il resto (3,6%) è indeciso. Il 76,3% degli intervistati concorda sul fatto che gli approcci didattici nella scuola primaria sono incentrati sull'insegnante e allontanano il bambino dall'apprendimento, interferendo così con la preparazione alla transizione, mentre il 20% è di parere contrario e il 3,6% è indeciso. Il 60% degli intervistati era d'accordo sul fatto che il tempo assegnato nella scuola primaria per coprire i contenuti non è sufficiente per consentire ai bambini di coprire gli argomenti assegnati per la classe, mentre il 14,5% era in disaccordo e il 25,5% era indeciso. Il 67,3% degli intervistati ha affermato che il colloquio accademico viene fatto per determinare le conoscenze preliminari del bambino, il 25,4% non è d'accordo, mentre il 7,3% è indeciso.

Ciò indica che è stato speso molto tempo per preparare gli alunni all'intervista piuttosto che alla transizione. L'89% degli intervistati concorda sul fatto che gli approcci didattici dell'ECD sono relativamente incentrati sul bambino, il 9,1% è in disaccordo e l'1,8% è indeciso. Questi approcci incoraggiano le abilità attitudinali e psicomotorie. Il 91% degli intervistati ha indicato che l'educazione fisica nel primo livello non è una materia d'esame, il 5,4% è in disaccordo e il 3,6% è indeciso. Dallo studio si deduce che il curriculum ha un effetto sulla preparazione dei bambini al passaggio dall'ECD alla scuola primaria. La maggior parte degli intervistati ha indicato che la materia [educazione fisica] non è esaminabile, il che spiega la mancanza di serietà nella materia che porta a uno scarso sviluppo delle abilità psicomotorie.

Tabella 4.11 Effetto del curriculum sulla preparazione dei bambini

Risposta	Accordati		Indeciso		Non sono d'accordo	
	Freq.	%	Freq	%	Freq	%
Contenuto ECD più ristretto	42	76.4	1	1.8	12	21.8
Contenuto primario sovraccarico	45	81.9	2	3.6	8	14.5
Insegnamento approccio insegnante incentrato sulla scuola primaria inferiore	42	76.3	2	3.6	11	20.0
Il tempo dedicato ai contenuti non è sufficiente nell'ECD	33	60.0	14	25.5	8	14.5
Colloquio accademico	37	67.3	4	7.3	14	15.4
Approccio didattico ECD centrato sul bambino	49	89.1	1	1.8	5	9.1
PE non esaminabile nel primo standard	50	90.0	2	3.6	2	5.4

4.4.1 Armonizzazione delle linee guida ECD e del programma primario

Bredekamp e Copple (1997) sostengono che il passaggio a scuola è una delle principali sfide che i bambini devono affrontare. Essi citano la mancanza di continuità nelle pratiche di insegnamento e l'assenza di un sistema che faciliti la transizione come fattori che contribuiscono alle difficoltà incontrate. Brostrom (2000) sostiene che l'ECD e l'esame primario dovrebbero essere armonizzati utilizzando lo stesso curriculum.

Agli intervistati è stato chiesto il loro parere su come armonizzare le linee guida dell'ECD e i programmi della scuola primaria per migliorare la transizione. Il riepilogo dei risultati è riportato nella Tabella 4.12. Gli approcci didattici devono essere resi più incentrati sul bambino e gli esami devono essere armonizzati, rispettivamente per il 72,7% degli intervistati. Il 70,9% degli intervistati ha risposto alla richiesta di corsi di aggiornamento. Il 56% degli intervistati ha dichiarato che i programmi dell'ECD e della scuola primaria dovrebbero essere armonizzati per facilitare la transizione. Ciò significa che per una trasmissione agevole dall'ECD alla Primaria è necessario avere un programma, un calendario e un esame comuni e che l'insegnamento deve essere incentrato sul bambino.

Tabella 4.12 Armonizzazione dei programmi ECD e della scuola primaria

Armonizzazione dei programmi ECD e della scuola primaria	Frequenza	Percentuale (%)
Armonizzazione dei programmi ECD e della scuola primaria	31	56.4
Approcci didattici incentrati sul bambino	40	72.7
Armonizzazione degli esami	40	72.7
Fornitura di corsi in servizio agli intervistati	39	70.9
	N=55	100

Alla QASO distrettuale è stato chiesto il suo parere su come armonizzare le linee guida dell'ECD e i programmi della scuola primaria per migliorare la transizione. Ha spiegato che l'ECD e i programmi della scuola primaria dovrebbero essere armonizzati per facilitare la transizione, e che gli approcci didattici utilizzati dovrebbero essere incentrati sul bambino. Questi risultati sono in accordo con l'UNESCO (2006), che ha rilevato che alcuni Paesi hanno cercato di fornire una maggiore coerenza curriculare sviluppando un curriculum integrato per la scuola pre-primaria e primaria, organizzato intorno ai cicli di sviluppo del bambino. Questo approccio è stato adottato nel progetto Pre-Primary to Primary Transitions.

4.5 Adeguatezza delle pratiche attuali in materia di preparazione alla transizione

L'importanza di pratiche appropriate per migliorare la transizione non può essere sottolineata oltre. Myers, (1997); Margetts, (2000), Dunlop e Fabian, (2003) suggeriscono che le transizioni dovrebbero comportare pratiche appropriate che assicurino al bambino un trasferimento senza problemi da un ambiente all'altro.

Per rispondere al secondo obiettivo dello studio, relativo all'adeguatezza delle pratiche attuali sulla preparazione alla transizione, è stato chiesto agli intervistati di valutare le pratiche attuali che influenzano direttamente o indirettamente l'apprendimento e la transizione dei bambini dall'ECD allo Standard One.

I risultati di queste pratiche sono illustrati nella Tabella 4.13. L'87,3% degli intervistati ha dichiarato che le attività co-curriculari sono adeguate. L'87,3% degli intervistati ha dichiarato che l'apprendimento assistito da computer non è previsto nella maggior parte delle scuole, il 7,3% lo ha giudicato inadeguato e il 5,5% adeguato. Il 45,5% degli intervistati ha riferito che nella maggior parte delle scuole mancano completamente le vasche per il lavaggio delle mani, il 36,4% ha dichiarato che sono inadeguate e il restante 18,2% le ha giudicate adeguate. Il 41,80% degli intervistati ha riferito che nella maggior parte delle scuole manca del tutto un sistema di piantumazione di alberi, il 18,2% ha giudicato questa pratica inadeguata, mentre il 40% l'ha giudicata adeguata. Il 52,7% degli intervistati ha giudicato inadeguata la pratica delle punizioni corporali, il 32,8% l'ha giudicata adeguata e il 14,5% dei centri ECD ha riferito che non era praticata. Il 69,1% degli intervistati ha giudicato adeguate le pratiche di orientamento e consulenza,

23.7 Il 7,3% dei centri ECD ha riferito che l'orientamento e la consulenza non sono mai stati offerti. Il 49,1% degli intervistati ha giudicato adeguate le pratiche dei club della salute, il 27,3% le ha giudicate inadeguate e il 23,6% dei centri ECD non le ha offerte. Il sette virgola tre per cento le ha giudicate inadeguate e il 5,5% dei centri ECD.

Questo dato indica che delle sette pratiche correnti le attività co-curriculari e le pratiche di orientamento e consulenza sono quelle considerate adeguate, rispettivamente con l'87,3% e il 69,1% di adeguatezza. Ciò significa che queste due pratiche sono rispettate nella maggior parte delle scuole. Tuttavia, pratiche come l'apprendimento assistito da computer e la piantumazione di alberi sono ingredienti necessari per il successo della preparazione alla transizione. I pianificatori e le agenzie governative dovrebbero assistere le scuole nell'accesso a strutture e pratiche critiche.

Tabella 4.13 Adeguatezza delle pratiche attuali in materia di preparazione alla transizione

Pratiche	Adeguato		Inadeguato		Nessun servizio	
	Freq.	%	Freq.	%	Freq	%
Apprendimento assistito dal computer	3	5.5	4	7.3	48	87.3
Piantagione di alberi	22	40.0	10	18.2	23	41.8
Orientamento e consulenza/	38	69.1	13	23.4	4	7.3
Club della salute	37	49.1	15	27.3	13	23.6
Punizioni corporali	8	14.5	29	52.7	18	33
Le attività co-curriculari sono incoraggiato	48	87.3	4	7.3	3	5.5
Lavaggio a mano	10	18.2	20	36.4	25	45.5

Margetts (2000) suggerisce che le transizioni dovrebbero comportare pratiche appropriate che assicurino un trasferimento agevole del bambino da un ambiente all'altro. Agli intervistati è stato chiesto di esprimere la propria opinione su altre pratiche attuali nell'ambito dell'ECDE e del primario che riguardano la transizione. Il riepilogo di queste pratiche secondo le opinioni è riportato nella tabella 4.14. Il 65,5% ha indicato la fornitura di uniformi identiche sia per i bambini della scuola dell'infanzia che per quelli della scuola primaria, il 58,2% ha indicato la presenza di attività co-curriculari comuni, il 43,6% ha indicato l'uso di ausili per l'insegnamento e l'apprendimento, il 40% ha indicato i programmi di sostegno alla comunità, il 52,7% ha indicato la formazione e la responsabilizzazione degli insegnanti, il 58,2% ha indicato l'uso dei servizi igienici, il 49,1% ha indicato l'orientamento e la consulenza e il 32,7% ha indicato l'HIV e l'AIDS. La maggior parte di queste opinioni è direttamente correlata a quanto rilevato in questo studio.

Dai risultati si evince che la maggior parte degli intervistati ha suggerito quanto segue: fornitura di uniformi comuni per bambini ECDE e primari, attività co-curriculari comuni, uso di ausili per l'insegnamento e l'apprendimento, programmi di sostegno alla comunità, formazione e responsabilizzazione degli insegnanti, formazione sull'uso dei servizi igienici, orientamento e consulenza. La maggior parte delle scuole ha buone pratiche ma una limitata consapevolezza dell'HIV-AIDS. I pareri dovrebbero essere utilizzati per migliorare le pratiche attuali nelle scuole.

Tabella 4.14 Pratiche attuali nell'ECDE e nella primaria che affrontano la transizione

Pratiche attuali nell'ECDE e standard uno	Frequenza	Percentuale (%)
Fornitura di uniformi comuni per i bambini dell'ECDE e della primaria	36	65.5
Avere attività co-curriculari comuni	32	58.2
Uso di sussidi didattici e di apprendimento	24	43.6
Programmi di sostegno alla comunità	22	40.0
Formazione e responsabilizzazione degli insegnanti	29	52.7
Addestramento all'uso della toilette	32	58.2
Orientamento e consulenza	27	49.1
Sensibilizzazione all'HIV e all'AIDS	18	32.7
	N=55	100

4.6 Fattori ambientali esterni che influenzano una transizione senza intoppi dall'ECD alla scuola primaria

I fattori ambientali esterni sono tutti quelli che provengono dall'esterno dei centri ECDE e che ostacolano o facilitano il passaggio dei bambini dall'ECDE alla scuola primaria. Tra questi, lo stress legato all'ambiente domestico, l'inadeguata disponibilità di cibo nelle famiglie degli allievi e la violenza domestica, il buon ambiente domestico, l'adeguata disponibilità di una dieta equilibrata nelle famiglie degli allievi e altri ancora.

L'UNESCO (2005) sostiene che negli Stati Uniti e in altri Paesi ad alto reddito, il contesto familiare è uno dei principali fattori che determinano i risultati scolastici; nei Paesi a basso reddito l'impatto non sembra essere così forte, probabilmente a causa di numerosi altri fattori legati alla scuola che mettono a dura prova il rendimento dei bambini. Ciò non significa che il legame non esista: uno studio condotto in Brasile, ad esempio, ha rilevato correlazioni significative tra vari fattori domestici e i risultati scolastici dei bambini (Fuller et al., 1999).

Gli intervistati hanno identificato diversi fattori ambientali esterni che influenzano il passaggio dalla scuola dell'infanzia alla scuola primaria, come riassunto nella Tabella 4.15. La maggior parte degli intervistati (87,3%) è fortemente d'accordo sul fatto che c'è un basso grado di collegamento e interazione tra gli insegnanti della scuola dell'infanzia e i genitori sulla preparazione dei bambini, mentre il 7,2% è di opinione contraria, non è d'accordo. Il resto (5,5%) era indeciso. Novantaquattro virgola cinque degli intervistati si sono detti fortemente d'accordo sull'inadeguatezza delle strutture fisiche presenti nelle case per facilitare la preparazione dei bambini, mentre il 3,6% era in disaccordo e il restante 1,8% era indeciso.

L'80% degli intervistati è d'accordo sul fatto che i genitori, gli educatori e gli insegnanti della scuola primaria abbiano una percezione diversa della preparazione scolastica, mentre il 16,3% è in disaccordo e il 3,6% è indeciso. Il 91% degli intervistati è fortemente d'accordo sul fatto che lo stress legato all'ambiente domestico, con conseguenti assenze frequenti dovute a malattie minori e violenza domestica, ostacola la preparazione, il 5,5% è in disaccordo e il 3,6% è indeciso. Il 97,2% degli intervistati è fortemente d'accordo sul fatto che il livello di istruzione dei genitori influenzi i risultati scolastici e la preparazione dei discenti, il 5,5% è in disaccordo e il restante 1,8% è indeciso. L'89,1% degli intervistati è fortemente d'accordo sul fatto che un'alimentazione inadeguata a casa influisca sui progressi scolastici dei discenti, il 9,1% è in disaccordo e l'1,8% è indeciso.

Il 38,2% degli intervistati è fortemente d'accordo sul fatto che l'ambiente domestico sia favorevole al gioco e allo studio per facilitare la preparazione, il 49,0% è in disaccordo sul fatto che non ci sia un ambiente domestico favorevole al gioco e allo studio per facilitare la preparazione e il 10,9% è indeciso. Il 65,5% degli intervistati è fortemente d'accordo sul fatto che i bambini siano sicuri in casa, mentre il 12,7% è di parere contrario (in disaccordo) e il 21,8% è indeciso.

Il 34,5% degli intervistati è fortemente d'accordo sul fatto che l'alimentazione equilibrata consenta la crescita e lo sviluppo per la preparazione, mentre il 50,9% non è d'accordo sul fatto che l'alimentazione equilibrata non consenta la crescita e lo sviluppo per la preparazione e il 14,5% è indeciso.

Questo dato indica che la maggior parte dei fattori ambientali esterni influenza il passaggio dalla scuola dell'infanzia alla scuola primaria. Tra questi: il livello di istruzione dei genitori, lo stress legato all'ambiente domestico con conseguenti assenze frequenti, dovute a piccole malattie e violenze domestiche che ostacolano la preparazione, l'inadeguata disponibilità di cibo a casa, la diversa percezione della preparazione scolastica da parte dei genitori, degli insegnanti di ECD e della scuola primaria, tutti fattori che influiscono sul progresso accademico dell'alunno. Le scuole dovrebbero garantire una maggiore consapevolezza da parte dei dirigenti e dei responsabili dell'istruzione.

Table 4.15   Fattori ambientali esterni che influenzano il liscio Transizione dall'ECD alla scuola primaria

Fattori ambientali esterni	Fortemente Accordati		Indeciso		Non sono d'accordo	
	Freq.	%	Freq.	%	Freq.	%
Basso grado di collegamento e interazione	48	86.3	3	5.5	4	7.2
Struttura fisica inadeguata	52	94.5	1	1.8	2	3.6
Percezione della preparazione scolastica	44	80.0	2	3.6	9	16.3
Stress legato all'ambiente	50	91.0	2	3.6	3	5.5
Livello di istruzione dei genitori	51	97.2	1	1.8	3	5.5
Fornitura inadeguata di cibo	49	89.1	1	1.8	5	9.1
Ambiente favorevole	22	38.2	6	10.9	27	49.0
Sicurezza dei bambini	36	65.5	12	21.8	7	12.7
Fornitura di una dieta equilibrata	19	34.5	8	14.5	28	50.9

I genitori, anche quelli analfabeti, possono fare una differenza significativa nei risultati scolastici dei bambini, soprattutto quando ci sono misure attive per coinvolgerli. La pressione dei genitori può essere molto efficace per garantire una maggiore attenzione ai bambini all'interno delle scuole (Save the Children, 2003). Agli intervistati è stata chiesta la loro opinione su altri fattori esterni che influenzano il passaggio dei bambini dalla scuola dell'infanzia alla scuola primaria.

Dalle varie risposte fornite, come riassunto nella Tabella 4.16, il 72,7% degli intervistati ha riferito che la mancanza di modelli di ruolo adeguati nelle scuole ha influenzato la transizione (72,7%), la mancanza di strutture fisiche adeguate (83,6%), la povertà vissuta dai residenti (65,5%), la separazione e i conflitti familiari (23,6%), l'analfabetismo tra i genitori e i tutori (61,8%), il background familiare (47,3%), la pandemia di HIV e Aids (40%), la produzione di birra illegale (29,1%), l'abuso sessuale di genitori e tutori (47,3%).6%), l'analfabetismo dei genitori e dei tutori (61,8%), il background familiare (47,3%), la pandemia dell'HIV e dell'AIDS (40%), la produzione di birra illegale (29,1%), l'abuso sessuale sui bambini piccoli (25,5%), la distanza tra casa e scuola (34,5%), la mancanza di motivazione da parte dei genitori (50,9%), il lavoro minorile come babysitteraggio e pastorizia (21,8%) e la registrazione tardiva (45,5%).

Questo dato indica che la maggior parte degli intervistati ritiene che la mancanza di strutture fisiche, l'inadeguatezza dei modelli di ruolo, la povertà dei residenti e l'analfabetismo dei genitori e dei tutori siano altri importanti fattori esterni che influenzano il passaggio dei bambini dalla scuola dell'infanzia alla scuola primaria. Le autorità competenti dovrebbero fornire strutture fisiche e sensibilizzare i genitori sull'importanza dell'istruzione.

Table 4.16   Altri fattori esterni che influenzano la transizione di bambini dall'ECD alla scuola primaria

Fattori esterni	Frequenza	Percentuale (%)
Mancanza di modelli di ruolo nella scuola	40	72.7
strutture fisiche inadeguate	46	83.6
Povertà vissuta	36	65.5
Separazione e conflitti familiari	13	23.6
Analfabetismo tra i genitori e guardiani	34	61.8
Famiglia di origine (singola genitorialità)	26	47.3
Pandemia di HIV e AIDS	22	40.0
Produzione illecita di birra	16	29.1
Abusi sessuali su bambini piccoli	14	25.5
Distanza da casa a scuola	19	34.5
Mancanza di motivazione da parte dei genitori	28	50.9
Lavoro minorile (baby sitting e pastorizia)	12	21.8
Registrazione tardiva	25	45.5
N=55		100

La povertà, la cattiva alimentazione e la mancanza di risorse e stimoli nei primi anni di vita sono stati identificati come fattori chiave, portando un gruppo di studiosi a stimare che più di 200 milioni di bambini non riescono a realizzare il loro potenziale di sviluppo (Grantham-McGregor et al., 2007).

Alla QASO del distretto è stato anche chiesto di esprimere la propria opinione sui fattori esterni che influenzano il passaggio dei bambini dall'ECD alla scuola primaria. La QASO ha notato che la prevalenza della povertà nella comunità ha portato a una scarsa preparazione dei bambini per il passaggio dall'educazione ECD al livello primario; ha inoltre sottolineato che la mancanza di bisogni primari nella maggior parte delle case, come un riparo, vestiti e cibo, influisce sullo sviluppo mentale del bambino. Ha riferito che l'iscrizione tardiva nella maggior parte delle scuole, soprattutto dopo l'introduzione dell'istruzione primaria gratuita, in cui la maggior parte dei genitori preferisce che i figli entrino nel primo livello senza passare attraverso l'ECD, ha influenzato la transizione. Ha anche menzionato che il lavoro minorile è ancora dominante nel distretto di Keiyo. Ai bambini vengono assegnati i ruoli di baby-sitter, pastorizia e altre faccende domestiche. Dovrebbero essere adottate misure pertinenti per garantire la fine del lavoro minorile e l'enfatizzazione della scolarizzazione.

4.7 Sintesi

Questo capitolo si è concentrato sulle informazioni di base di tutti gli intervistati, sulla presentazione dei dati, sull'interpretazione dell'analisi e sulla discussione dei servizi ECD, del curriculum, delle pratiche attuali e dei fattori ambientali esterni.

CAPITOLO QUINTO
DISCUSSIONE, CONCLUSIONI E RACCOMANDAZIONI
5.1 Introduzione
Questo capitolo contiene una sintesi dei risultati, delle conclusioni e delle raccomandazioni per ulteriori ricerche basate sull'analisi dei dati. Lo scopo principale di questo studio è stato quello di indagare sulla preparazione dei bambini al passaggio dalla scuola dell'infanzia alla scuola primaria. Per realizzare questo studio è stato utilizzato un disegno di ricerca di tipo survey, in cui i dati sono stati raccolti da direttori didattici, insegnanti, formatori ECD e funzionari QASO. Questo capitolo è diviso in quattro sezioni. La prima sezione presenta una sintesi dei risultati della ricerca, la seconda le conclusioni, la terza le raccomandazioni e infine i suggerimenti per ulteriori studi.

5.2 Sintesi dei risultati
5.2.1 Informazioni generali sugli intervistati
Le informazioni sul background degli intervistati sono state utili perché hanno dato allo studio una visione delle informazioni attese, dal momento che i risultati sono incorporati nel loro background. In totale sono stati coinvolti nello studio 56 intervistati. Anche il QASO divisionale è stato intervistato come informatore chiave e ha fornito opinioni sugli aspetti oggetto dello studio. Gli intervistati presi in esame durante lo studio comprendevano diverse categorie di insegnanti ECD, direttori di scuole primarie, formatori ECD e insegnanti di scuola primaria di primo livello.

La disparità di genere nello studio è stata evidente. Le insegnanti donne erano dominanti in tutti i centri ECD e nelle scuole primarie. Pertanto, gli insegnanti maschi dovrebbero essere incoraggiati a frequentare corsi di ECD, poiché anche loro svolgono un ruolo importante nella preparazione alla transizione dei bambini. Gli insegnanti dei centri ECD e delle scuole primarie avevano età diverse. La maggior parte degli intervistati aveva più di 35 anni. Ciò dimostra che la maggior parte degli intervistati ECD era abbastanza matura per supervisionare la transizione dei bambini.

La qualifica professionale degli intervistati era varia. La maggior parte degli insegnanti (50,9%) era in possesso di un certificato, i diplomati erano il 38,2%, mentre gli insegnanti con laurea triennale erano il 9,1% e l'1,8% aveva un master. La maggior parte degli insegnanti di scuola primaria di primo livello e dei direttori didattici aveva un certificato PTE, ma alcuni erano in possesso di diplomi e lauree, mentre la maggior parte degli insegnanti ECD aveva certificati ECD e alcuni erano in possesso di diplomi, ma nessuno aveva una laurea. Lo studio ha raccolto anche informazioni sull'esperienza di insegnamento dei partecipanti. La maggior parte degli intervistati

(65,5%) aveva più di 10 anni di esperienza nell'insegnamento, mentre quelli con 1-5 anni erano il 16,4%; gli insegnanti con 59 anni di esperienza erano il 12,7% e la minor parte aveva meno di un anno di esperienza (5,5%).

5.2.2 Servizi situazionali

Lo studio ha rivelato l'esistenza di diversi servizi situazionali forniti nelle scuole e finalizzati a migliorare il passaggio dalla scuola dell'infanzia alla scuola primaria. Tuttavia, ci si è resi conto che, per quanto i servizi fossero essenziali, alcuni erano ancora inadeguati. L'adeguatezza dei servizi è stata valutata come segue: Gli intervistati hanno indicato che l'igiene nei centri ECD (85,5%) era adeguata,

fornitura di acqua potabile 79,9% adeguata, fornitura di servizi sanitari 70,9% inadeguata, servizi di monitoraggio della crescita 41,8% inadeguata, servizi nutrizionali 34,5% adeguata e istruzione 90,9% adeguata,

5.2.2.1 Altri servizi ECD forniti ai bambini per agevolare la transizione

Servizi igienici - I servizi igienici dei ragazzi e delle ragazze sono stati significativi durante lo studio. I ragazzi e le ragazze hanno condiviso i servizi igienici con le scuole primarie. Quelli che avevano da uno a due bagni erano il 46,2%, mentre quelli che ne avevano da tre a quattro erano il 7,7%.

Adeguatezza dei materiali di gioco - L'adeguatezza dei materiali di gioco all'aperto è stata valutata in modo diverso come segue: materiali per palloni 79,2% adeguati, altalene e bilance 21,1% adeguati, 76,9% non disponibili nella maggior parte delle scuole, campo da gioco 100% disponibile e materiali di gioco per pneumatici 65,1% adeguati. Anche l'adeguatezza dei materiali per il gioco al chiuso è stata valutata in modo diverso: uso di sacchi di fagioli 76,9% adeguato, uso di bambole 61,5% non disponibile, uso di giocattoli 53,8% non disponibile, giochi con acqua e pasta di argilla 61,6% adeguato e blocchi di gioco 69,2% adeguato.

Fonti d'acqua nelle scuole - L'adeguatezza dell'acqua nelle scuole è stata significativa in questo studio. I risultati hanno mostrato che la principale fonte d'acqua è stata l'acqua del rubinetto (61,5%), mentre l'acqua di pozzo e di fiume hanno rappresentato il 23,1% ciascuna, mentre l'acqua piovana e quella di casa sono state le fonti meno disponibili (15,4%). Le fonti d'acqua non disponibili nella maggior parte delle scuole sono state la pioggia e l'acqua di casa (84,6%), mentre le pozze e i fiumi hanno rappresentato il 76,9% ciascuno. Tuttavia, la fonte meno indisponibile è stata l'acqua del rubinetto (42,9%).

Disponibilità dei documenti - Le forme di documentazione disponibili nella maggior parte delle scuole variavano significativamente come segue: Le cartelle cliniche nella maggior parte delle scuole comprendevano l'84,6% di documenti disponibili e il 15,4% non disponibili, le cartelle ponderali il 7,1% di documenti disponibili e il 92,3% non disponibili. I registri NACECE erano disponibili per il 92,3% e non disponibili per il 7,7%. Il registro più disponibile è stato quello delle presenze, disponibile al 100%.

Servizi nelle scuole ECDE - I servizi nelle scuole ECD sono variati come segue: I servizi di cucina sono disponibili per il 53,8% e non disponibili per il 46,2%, i servizi di utensili e combustibili sono disponibili per il 46,2% e non disponibili per il 53,8%, i prodotti alimentari sono disponibili per il 38,5% e non disponibili per il 61,5%.

Sistemi di drenaggio - I sistemi di drenaggio nelle scuole ECD variavano come segue: La maggior parte delle scuole (69,2%) non disponeva di sistemi di drenaggio, mentre solo il 30,8% ne aveva. Le scuole che utilizzano trincee, terreni rialzati e sistemi di drenaggio per le discariche sono il 38,5%, ma il 61,5% non utilizza nessuno di questi sistemi. I sistemi di drenaggio non utilizzati sono costituiti per l'84,6% da ristagni d'acqua e per il 76,9% da fognature.

5.2.2.2 Sfide affrontate dagli insegnanti di ECD nell'offerta di Servizi

Agli intervistati è stata chiesta la loro opinione sulle sfide affrontate dagli insegnanti di ECD nella fornitura di servizi nei centri ECDE. I loro pareri sono stati vari come segue: Il 43,6% ha individuato il basso salario pagato agli insegnanti, il 40% l'indisponibilità di materiali didattici e di apprendimento, il 32,7% la scarsa popolazione di studenti (scarse iscrizioni), il 34,5% la mancanza di strutture di gioco e fisiche, il 43,6% la scarsa cooperazione da parte delle parti interessate, il 36,4% la mancanza di risorse adeguate, il 41,8% il pagamento di tasse scolastiche, il 36,4% la mancanza di finanze, il 72,7% la nutrizione, il 52,7% un ambiente di apprendimento poco favorevole, il 36,4% la povertà, il 41,8% l'ignoranza, il 40% la mancanza di motivazione, il 58,2% il razionamento dell'acqua, il 30,9% e il 38,2% le infrastrutture.

I risultati delle interviste hanno riportato l'iscrizione tardiva dei bambini all'ECD e la povertà dilagante all'interno della comunità, che ha portato anche a una bassa frequenza delle lezioni, impedendo ai bambini di acquisire i concetti insegnati nell'ECDE.

5.2.2.3 Suggerimenti sul tipo di preparazione da effettuare
A cura dell'insegnante Standard One.

Agli intervistati è stato chiesto il loro parere sul tipo di preparazione che dovrebbe essere fatta dall'ECD e dall'insegnante di scuola primaria sui servizi situazionali. I loro pareri sono stati i seguenti: un adeguato collegamento incorporato per garantire una transizione senza intoppi 81,8%, le attività di apprendimento dovrebbero essere correlate 49,1%, l'uso di abilità comunicative e ausili visivi per l'apprendimento 50,9%, un'adeguata interazione tra ECD e primaria 80%, la creazione di un ambiente di apprendimento amichevole 47,3%, l'equipaggiamento delle classi con materiale didattico e di apprendimento 60% e il miglioramento del programma di alimentazione scolastica nell'ECDE 81,8%.

5.2.2.4 Preparazione del bambino all'adattamento ai cambiamenti della scuola primaria

Le opinioni degli intervistati riguardo alla preparazione dei bambini ad adattarsi ai cambiamenti della scuola primaria sono state le seguenti: introduzione agevole, collegamento e fornitura adeguata di strutture 65,5%, uso di un linguaggio semplice per l'espressione personale 65,5%, coinvolgimento degli alunni in attività di gruppo 65,5% e uso di materiali di insegnamento/apprendimento attraenti 56,4%. I risultati dell'intervista hanno indicato la necessità di un programma di alimentazione nella prima classe per migliorare la sostenibilità dei bambini dell'ECD. La classe dovrebbe inoltre essere dotata di materiali didattici e di apprendimento per consentire un apprendimento olistico.

5.2.3 Effetto del curriculum sulla preparazione dei bambini

L'analisi dell'effetto del curriculum sulla preparazione dei bambini al passaggio dall'ECD alla scuola primaria ha rivelato che la maggior parte degli intervistati ha riferito che i contenuti dell'ECD sono più ristretti rispetto alla crescita mentale del bambino per facilitare la preparazione al passaggio (76,4%), i contenuti della scuola primaria sono sovraccarichi (81,9%), gli approcci didattici nella scuola primaria sono incentrati sull'insegnante (76,3%). Il tempo assegnato nella scuola primaria per coprire i contenuti non è sufficiente per consentire ai bambini di coprire gli argomenti assegnati per la classe (60%) e i colloqui accademici sono stati fatti per determinare le conoscenze preliminari del bambino (67,3%). Il 91% degli intervistati ha indicato che l'educazione fisica nella prima classe non è una materia d'esame e forse questo spiega la mancanza di serietà nella materia che porta a uno scarso sviluppo delle abilità psicomotorie.

5.2.3.1 Armonizzazione dei programmi ECD e della scuola primaria.

Le opinioni degli intervistati su come armonizzare le linee guida dell'ECD e i programmi della scuola primaria per migliorare la transizione sono variate come segue: Cinquantasei punti quattro degli intervistati hanno riferito che l'ECD e i programmi della scuola primaria dovrebbero essere armonizzati per facilitare la transizione, gli approcci all'insegnamento/apprendimento incentrati sul bambino e gli esami dovrebbero essere armonizzati (72,7%), oltre a fornire corsi in servizio agli insegnanti (70,9%). I risultati delle interviste hanno anche indicato che i programmi della scuola primaria dovrebbero essere armonizzati per facilitare la transizione, gli approcci didattici utilizzati dovrebbero essere incentrati sui bambini e gli esami della scuola primaria dovrebbero essere armonizzati utilizzando lo stesso programma. Dovrebbe inoltre essere promossa l'organizzazione di corsi di aggiornamento per gli insegnanti.

5.2.4 Adeguatezza delle pratiche attuali di preparazione alla transizione

Le opinioni relative all'adeguatezza delle pratiche sulla preparazione alla transizione sono state le seguenti: l'apprendimento assistito da computer non è previsto nella maggior parte delle scuole (87,3%), la mancanza di vasche per il lavaggio delle mani nella maggior parte delle scuole (45,5%), la totale mancanza di un sistema di piantumazione di alberi nelle scuole (41,8%), le pratiche di orientamento e consulenza adeguate al 69,1%, le pratiche del club della salute adeguate al 49,1%, le pratiche del co-curriculum adeguate all'87,3%. Lo studio ha anche indicato che le altre pratiche attuali sulla preparazione alla transizione sono: fornitura di uniformi uguali sia per i bambini ECDE che per quelli della scuola primaria (65,5%), attività co-curriculari comuni (58,2%), uso di ausili per l'insegnamento e l'apprendimento (43,6%), programmi di sostegno alla comunità (40%0, formazione e responsabilizzazione degli insegnanti (52,7%), formazione sull'uso dei servizi igienici (58,2%), orientamento e consulenza (49,1%) e sensibilizzazione sull'HIV e l'Aids 32,7%.

5.2.5 Fattori ambientali esterni che influenzano una transizione senza problemi
dall'ECD alla scuola primaria

Gli intervistati hanno identificato diversi fattori ambientali esterni che influenzano il passaggio dalla scuola dell'infanzia alla scuola primaria. Tra questi: il basso grado di collegamento e interazione tra insegnanti di ECD e genitori sulla preparazione dei bambini (87,3%), le strutture fisiche inadeguate e insufficienti a casa (94,5%), la diversa percezione della preparazione scolastica da parte dei genitori, degli insegnanti di ECD e della scuola primaria (80%), l'ambiente domestico e la scuola primaria (80%).5%), la diversa percezione della preparazione scolastica da parte dei genitori, degli insegnanti di ECD e della scuola primaria (80%), lo stress legato all'ambiente domestico con conseguente assenteismo frequente (90%), il livello di istruzione dei genitori (92,7%), l'inadeguata disponibilità di cibo a casa (89,1%), un ambiente domestico favorevole al gioco e allo studio per facilitare la preparazione (48,2%), la sicurezza a casa (65,5%) e la dieta (50,9%).

5.2.5.1 Altri fattori esterni che influenzano la transizione regolare di Bambini dall'ECD alla scuola primaria

Agli intervistati è stata chiesta la loro opinione su altri fattori esterni che influenzano il passaggio senza problemi dei bambini dall'ECD alla scuola primaria. I risultati hanno indicato l'esistenza di diversi altri fattori. Tra questi: la mancanza di modelli di ruolo adeguati nelle scuole per influenzare la transizione (72,7%), la mancanza di uno stipendio adeguato per gli insegnanti e di strutture fisiche (83,6%), la povertà vissuta dai residenti (65,5%), la separazione e i conflitti familiari (23,6%), l'analfabetismo tra i genitori e i tutori (61,8%), il background familiare (monoparentalità) (47,3%), la pandemia di HIV e AIDS (40%), l'analfabetismo dei genitori e dei tutori (61,8%).3%), la pandemia di HIV e AIDS (40%), la produzione di birra illegale (29,1%), le condizioni economiche precarie della maggior parte delle famiglie (43,6%), gli abusi sessuali sui bambini piccoli (25,5%), la distanza dalla scuola (34,5%), la mancanza di motivazione da parte dei genitori (50,9%), il lavoro minorile (babysitteraggio e pastorizia) (21,8%) e l'iscrizione tardiva (45,5%).

I risultati delle interviste hanno anche indicato che la prevalenza della povertà nella comunità, che ha portato alla mancanza di bisogni primari nella maggior parte delle case, come alloggio, vestiti e cibo, ha influito sullo sviluppo mentale dei bambini. L'iscrizione tardiva alla maggior parte delle scuole, soprattutto dopo l'introduzione del FPE, dove la maggior parte dei genitori ha preferito che i figli entrassero nella prima classe senza passare per l'ECD, il lavoro minorile, in cui ai bambini vengono assegnati i ruoli di babysitter, pastorizia e altre faccende domestiche, sono ancora dominanti nel distretto di Keiyo e in questo caso hanno influenzato negativamente la transizione.

5.3 Conclusioni

Lo studio ha rivelato che nelle scuole sono stati forniti diversi servizi situazionali volti a migliorare il passaggio dall'ECD alla scuola primaria. Tra questi: servizi igienici, acqua potabile, servizi sanitari, monitoraggio della crescita, nutrizione e istruzione. Tuttavia, ci si è resi conto che, per quanto i servizi fossero essenziali, alcuni erano ancora inadeguati. Si può anche concludere che il curriculum ha avuto un effetto sulla preparazione dei bambini al passaggio dall'ECD alla scuola primaria. In altre parole, i contenuti dell'ECD sono più ristretti; i contenuti della scuola primaria sono sovraccarichi e non forniscono abbastanza pratica per il coordinamento, che a sua volta rallenta il processo di preparazione. Gli approcci didattici nella scuola primaria erano incentrati sull'insegnante e quindi allontanavano il bambino dall'apprendimento, interferendo anche con la preparazione alla transizione. Il tempo assegnato nella scuola primaria per coprire i contenuti non era sufficiente per consentire ai bambini di coprire gli argomenti assegnati per la classe, l'educazione fisica nel primo livello non era una materia d'esame e, di conseguenza, c'era una mancanza di serietà nella materia che portava a uno scarso sviluppo delle abilità psicomotorie.

Le pratiche attuali erano inadeguate nella maggior parte delle scuole, impedendo così la preparazione alla transizione dei bambini dalla scuola dell'infanzia alla scuola primaria. Tra queste, l'apprendimento assistito dal computer, il sistema di piantagione di alberi, le vasche per il lavaggio delle mani, l'orientamento e la consulenza, le pratiche del club della salute, le pratiche del co-curriculum, la formazione all'uso dei servizi igienici e la sensibilizzazione all'HIV e all'AIDS.

Dai risultati dello studio si può anche concludere che ci sono diversi fattori ambientali esterni che influenzano il passaggio dalla scuola dell'infanzia alla scuola primaria. Tra questi: lo scarso grado di collegamento e interazione tra gli insegnanti dell'ECD e i genitori sulla preparazione dei bambini, le strutture fisiche inadeguate e inappropriate presenti in casa, la diversa percezione della preparazione scolastica da parte dei genitori, lo stress legato all'ambiente domestico con conseguente frequente assenteismo, il livello di istruzione dei genitori che influenza i risultati accademici e la preparazione degli studenti, l'inadeguata fornitura di cibo a casa, la mancanza di un ambiente domestico favorevole al gioco e allo studio per facilitare la preparazione e una dieta povera per consentire la crescita e lo sviluppo.

Poiché la maggior parte degli intervistati aveva una lunga esperienza, si è ipotizzato che avessero una ricca esperienza per supervisionare la transizione dei bambini.

5.4 Raccomandazioni

i)	Dovrebbe esserci un alto grado di interazione tra gli insegnanti ECD e i genitori sulla preparazione dei bambini, in modo da migliorare la transizione.

ii)	I programmi dell'ECDE e della scuola primaria dovrebbero essere armonizzati in modo da migliorare la transizione.

iii)	Si dovrebbe garantire l'adeguatezza dei materiali ludici sia all'interno che all'esterno. Ciò è dovuto al loro ruolo prezioso nel favorire la transizione dalla scuola dell'infanzia alla scuola primaria.

iv)	Gli studi ambientali dovrebbero essere resi obbligatori in tutte le scuole per contribuire a facilitare l'adeguatezza delle attuali pratiche di preparazione alla transizione dei bambini dall'ECD alla scuola primaria.

v)	Poiché la maggior parte degli insegnanti aveva un livello di istruzione certificato, è necessario incoraggiarli a proseguire gli studi per favorire la transizione dei bambini.

vi)	Le scuole elementari e i centri per la prima infanzia dovrebbero avere a disposizione l'acqua nelle loro aule, perché permette ai bambini di apprendere concetti scientifici e favorisce una buona igiene nelle scuole.

vii)	Gli insegnanti maschi dovrebbero essere incoraggiati a frequentare corsi di ECD, poiché anche loro svolgono un ruolo importante nella preparazione alla transizione dei bambini.

5.5 Raccomandazioni per ulteriori studi

i)	Uno studio simile dovrebbe essere condotto in un altro distretto per consentire un confronto.

ii)	Fattori che influenzano la preparazione ECDE dei bambini per il passaggio da casa all'educazione allo sviluppo della prima infanzia.

iii)	Si dovrebbero anche studiare i fattori che influenzano la preparazione dei bambini al passaggio dalla scuola primaria alla scuola secondaria.

RIFERIMENTI

Arnold, C. (2004) "Positioning ECCD in the 21st century", *Coordinators' Notebook*, n. 28, Toronto, The Consultative Group on Early Childhood Care and Development.
Arnold, C., Bartlett, K., *Gowani*, S. e Merali, R. (2006) "Sono tutti pronti? Readiness, transition and continuity: reflections and moving forward", documento di base per il *Rapporto di monitoraggio globale EFA 2007*, Parigi, UNESCO.
Associazione per lo sviluppo dell'istruzione in Africa (ADEA) (2007) online.
Ahmed, Akhter (2004) *Impact of Feeding Children in School: Evidence from Bangladesh*, Istituto internazionale di ricerca sulle politiche alimentari: Washington DC
Bailey D (1999) Prefazione. In Pianta R C & Cox M J (eds) *La transizione alla scuola materna*. Maryland: Paul H Brookes Publishing Co.
Barnett, W.S., Schulman, K. e Shore, R. (2004) *Dimensioni delle classi: Qual è la dimensione migliore?* New Brunswick, NJ, National Institute for Early Education Research (NIEER) della Rutgers University.
Barnett, W.S., Schulman, K. e Shore, R. (2004) *Dimensioni delle classi: Qual è la dimensione migliore?* New Brunswick, NJ, Istituto nazionale per la ricerca sull'educazione precoce (NIEER) della Rutgers University.
Barnett, W.S. e Boocock, S.S. (eds) (1998) *Early Care and Education for Children in Poverty* : Promises, programs, and long-term results, Albany, NY, SUNY Press.
Bennett, J. (2006)   'Scolarizzare' l'*educazione e la cura della prima infanzia: Accompagnare la scuola materna nell'istruzione*, conferenza pubblica presso l'Institute of Education dell'Università di Londra, 10 maggio 2006.
Bennett, J. (2006)   'Scolarizzare' l'*educazione e la cura della prima infanzia: Accompagnare la scuola materna nell'istruzione*, conferenza pubblica presso l'Institute of Education dell'Università di Londra, 10 maggio 2006.
Blatchford, P., Goldstein, H., Martin, C. e Browne, W. (2002) "A study of class size effects in English school reception year classes", *British Educational Research Journal*, vol. 28, n. 2, pp.171-87.
Bredekamp S & Copple C (Eds) (1997) *Developmentally Appropriate Practice in Early Childhood Programs*. Edizione rivista. Washington: NAEYC
Brostrom S (2000) *Comunicazione e continuità nel passaggio dall'asilo alla scuola in Danimarca*. Documento presentato alla 10a Conferenza europea EECERA sulla qualità nell'educazione della prima infanzia, Università di Londra, 29 agosto-1 settembre 20oO.
Brostrom S (2002) *Comunicazione e continuità nella transizione dall'asilo alla* scuola. In Fabian H e Dunlop A-W (a cura di) Transitions in the Early Years: Debating Continuity and Progression for Children in Early Education. Londra: RoutledgeFalmer
Campbell, F.A. e Ramey, C.T. (1994) "*Effects of early intervention on intellectual and academic achievement: a follow-up study of children from low- income families" (Effetti dell'intervento precoce sui risultati intellettuali e accademici: uno studio di follow-up su bambini provenienti da famiglie a basso reddito)*, Child Development, vol. 65, pagg. 684-98.
Clark, C, R Martin, E van Kempen, T Alfred (2006) "*Relazioni esposizione-effetto tra l'esposizione al rumore degli aerei e del traffico stradale c a scuola e la comprensione della lettura - Il progetto RANCH*", American Journal of Epidemiology 163(1) 27-37
Dahlberg, G. e Lenz Taguchi, H. (1994) *Förskola och Skola - Tva skilda traditioner och visionen om en mötesplats* (Scuola dell'infanzia e scuola - Due diverse tradizioni e la visione di un incontro), Stoccolma, HLS Förlag.
Dunlop A-W & Fabians' H (2003) (Editoriale) Transitions, *European Early Childhood Education Research Journal*, Themed Monograph Series No1, 2003.
Dunlop, A. e Fabian, H. (eds) (2006) *Informing Transitions in the Early Years*, Maidenhead,

Open University Press.
Edwards, C., Gandini, L. e Forman, G. (eds) (1995) *The Hundred Languages of Children* : The Reggio Emilia approach to early childhood education, Norward, NJ, Ablex Publishing Corporation.
Edgar, D(1986) Background familiare e passaggio alla scuola. *Educazione primaria, 17(4) 16-21*
Engle, P.L., Black, M.M., Behrman, J.R., Cabral de Mello, M., Gertler, P.J., Kapiriri, L. et al. (2007) "*Strategies to avoid the loss of developmental potential in more than 200 million children in the developing world*| Lancet, vol. 369, no. 9557, pp. 229-42".
Engle, P.L., Black, M.M., Behrman, J.R., Cabral de Mello, M., Gertler, P.J., Kapiriri, L. et al. (2007) "*Strategies to avoid the loss of developmental potential in more than 200 million children in the developing world*" *(Strategie per evitare la perdita del potenziale di sviluppo in più di 200 milioni di bambini nei paesi in via di sviluppo)*, Lancet, vol. 369, n. 9557, pp. 229-42.
Entwisle D R & Alexander K L (1999) *Early Schooling and Social Stratification*, in Pianta RC & Cox M J (Eds) *The Transition to Kindergarten.* Maryland: Paul H Brookes Publishing
Evans, N.J., Forney, D.S., & Guido-DiBrito, F. (1998). *Lo sviluppo dello studente all'università*: teoria, ricerca e pratica. San Francisco: Jossey-Bass.
Evans, GW (2006). "*Sviluppo del bambino e ambiente fisico*".
Annual Review of Psychology 57: 423-451;
Fabian H & Dunlop A-W (2002) *Transizioni nei primi anni di vita: Debating Continuity and Progression for Children in Early Education.* Londra: RoutledgeFalmer
Fouracres (1993) Le *aspettative degli alunni nel passaggio dalla scuola primaria a quella secondaria: ricerca sull'istruzione p53.* Consiglio scozzese per la ricerca sull'istruzione.
Fuller, Bruce; Lucia Dellagnelo; Annelie Strath; Eni Santana Barretto Bastos; Mauricio Holanda Maia; Kelma Socorro Lopes de Matos; Adélia Luiza Portela; Sofi a Lerche Vieira (1999) "*How to Raise Children S Early Literacy? The Infl uence of Family, Teacher, and Classroom in Northeast Brazil* ", Comparative Education Review 43 (1):1-35.
Fuller, Bruce; Lucia Dellagnelo; Annelie Strath; Eni Santana Barretto Bastos; Mauricio Holanda Maia; Kelma Socorro Lopes de Matos; Adélia Luiza Portela; Sofi a Lerche Vieira (1999) "*How to Raise Children S Early Literacy? L'influenza di*
Famiglia, insegnante e classe nel nord-est del Brasile" , Comparative Education Review
Galton M, Gray J e Rudduck J (1999) *L'impatto delle transizioni e dei trasferimenti scolastici sui progressi e sui risultati degli alunni.* Documento di ricerca n. 131. REGNO UNITO: Dipartimento per l'istruzione e l'occupazione.
Germeten, S. (1999) "Nærstudier av fem 1. klasser, skoleâret 1998/99" ("*Studi di cinque prime classi nell'anno scolastico 1998/99*"), relazione parziale 2, valutazione della riforma 97 Pâ vei mot Ny Grunnskole i Oslo (Verso una nuova scuola complementare a Oslo), n. 82-579-0310-8, Oslo, Oslo University College.
Germeten, S. (1999) "Nærstudier av fem 1. klasser, skoleâret 1998/99" (*"Studi dettagliati di cinque prime classi nell'anno scolastico 1998/99*), Relazione di parte 2, valutazione della Riforma 97 Pâ vei mot Ny Grunnskole i Oslo (Verso una Nuova Scuola Computerizzata a Oslo), n. 82-579-0310-8, Oslo, Oslo University College.
Grantham-McGregor, S., Cheung, Y.B., Cueto, S., Glewwe, P., Richter, L. e Strupp, B. (2007) "*Developmental potential in the first 5 years for children in developing countries*", Lancet, vol. 369, pp. 60-70.
Grantham-McGregor, S., Cheung, Y.B., Cueto, S., Glewwe, P., Richter, L. e Strupp, B. (2007) "*Potenziale di sviluppo nei primi 5 anni per i bambini dei Paesi in via di sviluppo*", Lancet, vol. 369, pagg. 60-70.
Hanushek, EA (1995) "*Interpretando le recenti ricerche sulla scolarizzazione nei Paesi in via di sviluppo*", The World bank Research Observer 10(2) 227-246

Haug, P. (1995) *"Om politsik styring av utdanningsreformer* ("Sulla politica delle riforme educative"), in Skram, D. (a cura di) Det Beste fra Barnehage og Skole - En ny småskolepedagogikk (Il meglio dell'asilo e della scuola - una nuova pedagogia per i bambini), Oslo, Tano.

Haug, P. (2005) *Rammeplan på tynt grunnlag'* ("Piano di studi quadro su una base traballante"), *Bedre Barnehager Skriftserie* (Better Kindergarten Publication Series), vol. 1, n. 2, pp. 23-35.

Horgan M (1995) *La gestione del curricolo per l'infanzia nelle scuole primarie irlandesi: Retorica contro realtà.* Compare, vol. 25, n. 3. Britannico Comparative and International Education Society.http://www.adeanet.org/ (Accesso 14 giugno 2007).

Kagan S L & Neumann M J (1999) *Lessons from Three Decades of Transition Research*, the Elementary School Journal *(Lezioni da tre decenni di ricerca sulla transizione)*.

Kakvoulis A (1994) *Continuità nell'educazione della prima infanzia: La transizione dalla scuola materna alla scuola*. International Journal of Early Years Education. Vol. 2, 1. Scuola materna. Maryland: Paul H Brookes Publishing

Kirpatrick, D (1992) La *percezione da parte degli studenti del passaggio dalla scuola primaria a quella secondaria*, presentata alla conferenza congiunta Australian Association for Research in Education/ Newzeland for Educational Research.

Korpi, B.M. (2005) *"Le basi per l'apprendimento permanente"*, Bambini in Europa, vol. 9, pagg. 10-11.

Larsen, A.K. (2000) *"Overgang fra barnehage til skole"* ("Transizione dall'asilo alla scuola"), in Haugen, R. (a cura di) *Barn og Unges Læringsmilj0: Fra enkeltindivid til medlem av et flerkulturelt fellesskap* (Ambiente di apprendimento per bambini e ragazzi: Dall'individuo alla comunità multiculturale), Kristiansand, H0yskoleforlaget.

Larsen, A.K. (2000) *"Overgang fra barnehage til skole"* ("Transizione dall'asilo alla scuola"), in Haugen, R. (a cura di) *Barn og Unges Læringsmilj0: Fra enkeltindivid til medlem av et flerkulturelt fellesskap* (Ambiente di apprendimento per bambini e ragazzi: Dall'individuo alla comunità multiculturale), Kristiansand, H0yskoleforlaget.

Lewin, K. (2007) *Improving Access, Equity and Transitions in Education, Consortium for Research on Educational Access*, Transitions and Equity, Monograph 1, Lewes, University of Sussex; disponibile anche online all'indirizzo http://www.create-rpc.org/publications/pathwaystoaccesspapers.shtml (accesso luglio 2007).

Lewin, K. (2007) *Improving Access, Equity and Transitions in Education, Consortium for Researchon Educational Access, Transitions and Equity,* Monograph 1, Lewes, University of Sussex; disponibile anche online all'indirizzo http://www.createpc.org/publications/pathwaystoaccesspapers.shtml (accesso luglio 2007).

Li, Yuen Ling (2004) *"La cultura dell'insegnamento in mezzo all'influenza occidentale*: il caso degli asili di Hong Kong", Contemporary Issues in Early Childhood, 5(3) 330-348;

Love J M, Logue E M, Trudeau J V e Thayer K (1992) *Transitions to Kindergarten in American Schools*: Relazione finale dello Studio nazionale sulla transizione. Portsmouth, N.H.: Dipartimento dell'Istruzione degli Stati Uniti.

Lpfö (1998) Laroplan förskolan (Curriculum nazionale per la scuola dell'infanzia). Stoccolma,

Leu, Elizabeth e Alison Price-Rom (2006) *Qualità dell'istruzione e apprendimento degli insegnanti:* Una revisione della letteratura, USAID e EQUIPl

Margetts K (1999) *Transizione alla scuola: Guardare al futuro.* Documento presentato alla Conferenza AECA di Darwin, 14-17 luglio 1999. Recuperato dal web mondiale all'indirizzo: www.aeca.org.au/darconfmarg.html

Margetts K (2002a) *Le modalità di custodia dei bambini, le influenze personali, familiari e scolastiche sull'adattamento dei bambini al primo anno di scuola.* Sintesi. Recuperato da WWW all'indirizzo: http//extranet.edfac.unimelb.edu.au.

Melton G, Limber S, Teague T (1999) *Changing Schools for Changing Families*, in Pianta R C & Cox M J (Eds) *The Transition to Kindergarten Maryland* : Paul H Brookes Publishing
Mingat A e A Jaramillo (2003) *Early Childhood Care and Education in SubSaharan Africa: What would it take to meet the Millennium Development Goals*, Banca Mondiale: Washington DC
Moore, Gary T e Jeffrey A Lackney. (1993). "*Progettazione scolastica*: Crisi, *prestazioni educative e applicazioni progettuali*". Ambienti per bambini 10(2): 1-22.
Myers R (1997) *Rimuovere gli ostacoli al successo: transizioni e collegamenti tra casa, scuola dell'infanzia e scuola primaria*. Quaderno dei coordinatori, n. 21. Gruppo consultivo per la cura e lo sviluppo della prima infanzia.
Myers, R. e Landers, C. (1989) "*Preparare i bambini per le scuole e le scuole per i bambini*| documento di discussione per il CGECCD, Toronto, CGECCD National Institute of Child Health and Human Development (NICHD) Early Child Care Research
Myers, R.G. (1992) *I dodici che sopravvivono*, Londra, Routledge.
Myers, R.G. (1992). *I dodici che sopravvivono*, Londra, Routledge.
Myers, R.G. (1997) "*Removing roadblocks to success*: transitions and linkages between home, preschool and primary school", Coordinators' Notebook, n. 21, Toronto, Consultative Group on Early Childhood Care and Development (CGECCD) Secretariat.
Neuman, M.J. (2005) "*Assistenza ed educazione precoce a livello globale: sfide, risposte e lezioni*| PhiDelta Kappa, vol. 87, no. 3, pp. 188-92.
Neuman, M.J. e Peer, S. (2002) *Equal from the Start: Promoting educational opportunity for all pre-school children - learning from the French experience*, New York, NY, French-American Foundation.
Neuman, M.J. e Peer, S. (2002) *Equal from the Start: Promoting educational opportunity for all pre-school children - learning from the French experience*, New York, NY, French-American Foundation.
Ngaruiya, S. *Un documento di ricerca per la tesi 2004*, Università di Victoria
OCSE (2001) *Starting Strong: Early childhood education and care*, Parigi, OCSE.
OCSE (2001) *Starting Strong: Early childhood education and care,* Parigi, OCSE.
OCSE (2006a) *Starting Strong II: Early childhood education and car e,* Parigi, OCSE.
OCSE (2006a) *Starting Strong II: Early childhood education and care*, Parigi, OCSE.
OCSE (2006b) L'*istruzione in sintesi: Indicatori OCSE* 2006. Parigi: OCSE
OCSE (2006b) L'*istruzione in sintesi: Indicatori OCSE 2006*. Parigi: OCSE
Orodho A. J. (2005), *Elementi di educazione e metodi di ricerca nelle scienze sociali*. Masola Publishers, Nairobi, Kenya.
Petriwskyj, A., Thorpe, K. e Tayler, C. (2005) "*Trends in construction of transition to school in three western regions, 1990 2004"*, International Journal of Early Years Education, vol. 13, n. 1, pp. 55-69.
FotografiaFront cover - Nizamuddin, Delhi, India. Scuola.
Pianta R C & Cox M J (1999) *Prefazione, in Pianta* R C & Cox M J (Eds) *The Transition to Outbuildings departmental* (Ministry of Education and Science*).*
Pianta R C & Cox M J (1999) *The Changing Nature of the Transition to School* - Trends for the Next Decade, in Pianta R C & Cox M J (Eds) The Transition to Kindergarten Maryland: Paul H Brookes Publishing
Piketty, T. e Valdenaire, M. (2006) "*L'impact de la taille des classes sur la réussite scolaire dans les écoles, collèges et lycées français: estimations à partir du panel primaire 1997 et du panel secondaire 1995"* ("Impatto della dimensione delle classi sul successo degli studenti nelle scuole, nei licei e negli istituti superiori francesi: valutazioni del panel primario 1997 e del panel secondario 1995"), Parigi, Ministère de l'Éducation Nationale, de FEnseignement Supérieur et de la Recherche, Direction de l'Evaluation et de la Prospective.
Ramey S L & Ramey C T (1998) *Il passaggio alla scuola: Opportunità e sfide per bambini,*

famiglie, educatori e comunità. The Elementary School Journal, 98, (4).
Ramey S L & Ramey C T (1999) *Beginning School for Children at* Risk in Pianta R C & Cox M J (Eds) *The Transition to Kindergarten.* Maryland: Paul H Brookes Publishing.
Rangachar, G e NV Varghese (1993) *Quality of Primary Schooling in India- A Case Study of Madhya Pradesh.* Parigi: Istituto internazionale di pianificazione educativa; Nuova Delhi: Istituto nazionale di pianificazione e amministrazione educativa; Fuller, Bruce; Lucia Dellagnelo; Annelie Strath; Eni Santana.
Save the Children (2003) *Qual è la differenza? L'impatto dei programmi di sviluppo della prima infanzia*: Uno studio sugli effetti per i bambini, le loro famiglie e le comunità, Save the Children USA e Norvegia:
Schlossberg, K.N (1981), *Un modello per analizzare l'adattamento umano alla transizione.* New York: Springer Publishing Company.
Schweinhart, L.J. e Weikart, D.P. (1980) I *bambini crescono: The effects of the Perry Preschool Program on youths through age 15*, Ypsilanti, MI, High/Scope Press.
Schweinhart, L.J., Montie, J., Xiang, Z., Barnett, W.S., Belfield, C.R. e Nores, M. (2004) "Lifetime effects: the High/Scope Perry Preschool study through age 40", Monographs of the High/Scope Educational Research Foundation, n. 14, Ypsilanti, MI, High/Scope Press.
Shaeffer, S. (2006) *"Formalizzare l'informale o "informalizzare" il formale: la transizione dalla scuola dell'infanzia alla primaria"*, International Institute for Educational Planning Newsletter, vol. 24, n. 1, p. 7, Parigi, UNESCO, International Institute for Educational Planning (IIEP).
Shonkoff, J. e Phillips, D. (eds) (2000) *From Neurons to Neighborhoods*: The science of early child development, Washington, DC, National Academy Press.
Tolhurst, Frances (2007) *Insegnare e apprendere in Afghanistan dal giugno 2005 al giugno 2007*, note interne al programma,
UNESCO (2005) *Advocacy Brief on Mother Tongue-based Teaching and Education for Girls.* Bangkok, UNESCO.
UNESCO (2006) *Fondamenta forti: Early childhood Care and Education - 2007 Education for All Global Monitoring Report*, Parigi, UNESCO.
Comitato delle Nazioni Unite sui diritti dell'infanzia/UNICEF/Fondazione Bernard van Leer (2006) *A Guide to General Comment 7:* Implementing child rights in early childhood, L'Aia, Fondazione Bernard van Leer.
UNESCO (2005) "Capitolo 2: *L'importanza della buona qualità: cosa ci dice la ricerca"*, Rapporto di monitoraggio globale EFA, Parigi: UNESCO
Weikart, D.P. (a cura di) (1999) Cosa dovrebbero imparare i bambini? Il punto di vista degli insegnanti e dei genitori in 15 Paesi, Ypsilanti, MI, High/Scope Press.
Wolery M (1999) *Children with Disabilities in Early Elementary School*, in Pianta R C & Cox M J (Eds) The Transition to Kindergarten Maryland: Paul H Brookes Publishing.
Yeboah D A (2002) *Migliorare la transizione dalla fase della prima infanzia all'istruzione primaria:* Prove dalla letteratura di ricerca. Primi anni, vol. 22. No.1.
Zigler, E. e Styfco, S.J. (eds) (2004) *The Headstart Debates*, Baltimora, Brookes.
Zill N (1999) *Promuovere l'equità e l'eccellenza educativa nella scuola materna.* In Pianta R C & Cox M J (Eds) La transizione alla scuola materna nel Maryland: Paul H Brookes Publishing

I want morebooks!

Buy your books fast and straightforward online - at one of world's fastest growing online book stores! Environmentally sound due to Print-on-Demand technologies.

Buy your books online at
www.morebooks.shop

Compra i tuoi libri rapidamente e direttamente da internet, in una delle librerie on-line cresciuta più velocemente nel mondo! Produzione che garantisce la tutela dell'ambiente grazie all'uso della tecnologia di "stampa a domanda".

Compra i tuoi libri on-line su
www.morebooks.shop

info@omniscriptum.com
www.omniscriptum.com

OMNIScriptum